„Wach auf, wach auf, du deutsches Land!"

Martin Luther
Angst und Zuversicht in der Zeitenwende

Wittenberger Sonntagsvorlesungen
Evangelisches Predigerseminar
2000

Titel:
„Wach auf, wach auf, du deutsches Land!",
Text und Musik von Johann Walter, 1561

Titelbild:
Stadtansicht Wittenberg (Detail): anonym, nach 1536

Titelbild, unterlegt:
Der Engel mit dem Schlüssel zum Abgrund und das neue Jerusalem
(Offenbarung Johannes 20); Albrecht Dürer, 1498

Die Deutsche Bibliothek - CIP-Einheitsaufnahme

„Wach auf, wach auf, du deutsches Land!" Martin Luther: – Angst und Zuversicht in der Zeitenwende – / [Hrsg.: Evangelisches Predigerseminar, Lutherstadt Wittenberg, Peter Freybe]. - 1. Aufl. -
Wittenberg : Drei-Kastanien-Verl., 2000
(Wittenberger Sonntagsvorlesungen)
ISBN 3-933028-36-1

ISBN 3-933028-36-1

© by DREI KASTANIEN VERLAG

1. Auflage 2000
Herausgeber: Evangelisches Predigerseminar
Lutherstadt Wittenberg, Peter Freybe

Herstellung: Elbe-Druckerei Wittenberg GmbH
Printed in Germany

Inhaltsverzeichnis

Vorwort 5

„Die Historie ist nichts anderes denn eine Anzeigung göttlicher Werke"
Martin Luther und das Ende der Geschichte 10
Prof. D. Dr. Martin Brecht D.D./Münster

„Die Bewegung der himlischen schar..."
Endzeitliches Denken und astrologische
Zukunftsdeutung bei Martin Luther 25
Dr. Heike Talkenberger/Stuttgart

„Da wird man hören klingen die rechten Saitenspiel ..."
Über den Trost der Musik in dieser bösen Zeit 48
Dr. Eberhard Schmidt/Stendal

„Die Gewalt soll gegeben werden dem gemeinen Volk"
Auf dem Weg zum Reich Gottes 63
Prof. Dr. Siegfried Bräuer/Berlin

„Lieber mit Gott arm denn mit dem Teufel reich sein"
Reflexionen zu Luthers Wirtschaftsethik
im Zeitalter der Globalisierung 86
Prof. Dr. H.-Jürgen Prien/Köln

„Dem Teufel zum Trotz"
Gewissheit und Zuversicht – nicht nur bei Luthers Hochzeit 109
Prof. Dr. Oswald Bayer/Tübingen

Angaben zur Person 122

Friedrich Freybe
zum Gedenken

16. 9. 1970–14. 12. 1999

Vorwort

Peter Freybe

2000 Jahre nach Christi Geburt stehen wir an einer vielsagenden Zeitenwende. Die einen feiern ausgelassen ein Jahrtausendspektakel, andere lassen es ruhig angehen. Wir kommen zur Besinnung. Für die einen ist die Angst groß, was da kommen wird für uns und unsere Kinder. Für andere bleibt die Hoffnung der tragende Grund für alles, was da kommt. Diese lebensgeschichtliche Thematik einer Zeitenwende ist Anlaß genug, nach einer reformationsgeschichtlichen Perspektive zu fragen. Das Umbruchszeitalter der Reformation soll wiederum reformatorische Einsichten und Aussichten bereitstellen. Martin Luthers Geschichtsschau, apokalyptische Weltanschauungen zu Luthers Zeiten, Weltuntergangsstimmungen und Krisenängste, Hoffnungen und Gewißheit für eine neue Zeit mahnen mit dem Lied von Johann Walter, dem musikalischen Weggefährten Martin Luthers seit 1524: „Wach auf, wach auf, du deutsches Land!"

Ein newes Christlichs Lied, dadurch Deudschland zur Busse vermanet

Wach auff, wach auff, du Deudsches land!
du hast genug geschlaffen.
Bedenck was Gott an dich gewand,
wozu er dich erschaffen.
Bedenck was Gott dir hat gesand
und dir vertrawt, sein hoechstes pfand
drumb magstu wol auffwachen.

So erinnern die Wittenberger Sonntagsvorlesungen 2000 an die Zeitenwende, die im Jahre 0 mit Jesus Christus angebrochen ist. Sie geben Einblicke in das Umbruchszeitalter der Reformation zu Beginn des 16. Jahrhunderts. Und sie eröffnen Perspektiven für den Übergang in das dritte Jahrtausend nach Christi Geburt.

Martin Luther und das Ende der Geschichte

Nach der Deutung Martin Luthers, Philipp Melanchthons und ihrer Zeitgenossen hätte sich das Ende der Welt mit dem „lieben Jüngsten Tag" Jahrhunderte vor dem Jahr 2000 ereignen müssen. Deshalb erwartete man in naher Zeit die letzte Auseinandersetzung zwischen Christus und seinem Widersacher, dem Antichrist, den man im Papst als den Feind der evangelischen Sache ausgemacht hatte. Das ist offen-

kundig so nicht eingetreten. Nichtsdestoweniger bleibt es spannend zu beobachten, wie für Luther auch die Geschichte und die Geschichtswissenschaft zum Kampffeld der reformatorischen Auseinandersetzungen geworden sind. Dabei ist die Geschichte ganz und gar nicht als eine Triumphgeschichte zu schreiben. Luther wußte, dass das Niederschreiben von Geschichte zumeist parteiisch geschah. Und deshalb wünschte er sich Männer „mit Löwenherzen", die nichts beschönigen oder eitel schwätzen, sondern unerschrocken die Wahrheit schreiben.
Luther selbst hat in gültiger Weise besonders in seinen Psalmenauslegungen vorgeführt, wie Gott mit dem Menschen und der Mensch mit Gott seine eigene Geschichte hat. Hier ist „Geschichte als die Mutter der Wahrheit" geschrieben.

Martin Brecht

Endzeitliches Denken und astrologische Zukunftsdeutung bei Martin Luther

Das 16. Jahrhundert war eine Zeit des vielfältigen Umbruchs. Die Glaubensspaltungen, das Vordringen der Türken bis vor Wien und die Entdeckung der Neuen Welt erschütterten die gewohnten Vorstellungen. Das Ergebnis war eine tiefe Verunsicherung der Menschen. In diese Stimmung hinein traf eine beunruhigende Prophetie: Eine Gestirnkonstellation im Frühjahr 1525, die Konjunktion von Jupiter und Saturn im Sternzeichen der Fische, war für manche Astrologen das sichere Zeichen einer großen Wasserflut, gar einer zweiten Sintflut, aber auch von Aufruhr und Krieg. In zahlreichen Flugschriften, deren Holzschnitte teilweise angsteinflößende Weltuntergangsszenarien zeigen, wurde die Prophetie verbreitet.
Luther hat sich in seiner Predigt zum 2. Adventssonntag 1521 zu dieser Vorhersage geäußert. Seine Position ist von Endzeitgewißheit, aber auch von Astrologiekritik gekennzeichnet. Und es spricht für sein tiefes Gottvertrauen, dass er jede Spekulation über ein Datum des Weltuntergangs abgelehnt hat. Und als der von Michael Stifel für den 19. Oktober 1533 um 8 Uhr früh vorherberechnete Jüngste Tag nicht eingetreten war, da setzte sich Luther in all seiner Zuversicht und Güte selber für den getäuschten Enttäuschten und Verfehlten ein und nahm ihn bei sich auf.

Heike Talkenberger

Über den Trost der Musik in dieser bösen Zeit
(Martin Luther und Johann Walter)

„Ich gebe nach der Theologia der Musica den nähesten Locum." Was wäre das Leben ohne die Musik! Für Martin Luther ist das nicht auszudenken. In Stunden depressiver Gemütsverfassung war die Musik für ihn entscheidende Lebenshilfe. Für die mehrstimmigen Motetten der großen Komponisten seiner Zeit konnte er sich begeistern. Und so war er es, der den großen Frühling figuraler Kirchenmusik im evangelischen Gottesdienst in Gang setzte. Dabei war ihm der Torgauer Kantor Johann Walter mit seinem 4- bis 6-stimmigen „Geistlichen Gesangbüchlein" von 1524 ein ebenbürtiger Partner. 24 Jahre überlebte Johann Walter den Reformator. Der Ausgang des Schmalkaldischen Krieges traf ihn hart. Er sah das Anliegen der Reformation in Gefahr. So erklärt sich sein Buß- und Mahnruf in den schweren Zeiten des Umbruchs: "Wach auf, wach auf, du deutsches Land, du hast genug geschlafen."

Eberhard Schmidt

Auf dem Wege zum Reich Gottes (Martin Luther und Thomas Müntzer)

Die Auseinandersetzung zwischen Martin Luther und Thomas Müntzer ist geprägt durch den theologischen Streit um die Frage nach dem Reich Gottes. Dabei geht es auch immer wieder um die Erwartung eines 1000-jährigen Reiches. Während für Luther das Reich Gottes nicht in äußerlichen Dingen, sondern eher geistlich in Vergebung und Tröstung nahe kommt, fordert Müntzer konsequentere Auswirkungen des Glaubens auf das Tun des Menschen. Dabei ist es ein verbreitetes Mißverständnis, dass Müntzer selber das Reich Gottes herstellen wollte. Ein entschiedener Wegbereiter wollte er allerdings sein. Aus Verbitterung darüber, wie ungerecht die Fürsten als Verwalter der staatlichen Macht gegenüber dem Volk waren, wollte Müntzer dann freilich die Macht „dem gemeinen Volk" übergeben und damit die 1000-jährige Herrschaft Christi auf den Weg bringen. Die Erwartung eines 1000-jährigen Friedensreiches ist jedoch nicht mit Müntzer untergegangen. Zuletzt ist sie gescheitert im proklamierten 1000-jährigen Reich Hitlers und dem durch Marx und Engels propagierten politischen Chiliasmus. Damit ist auch an die Wende-Zeit von 1989 erinnert.

Siegfried Bräuer

Reflexionen zu Luthers Wirtschaftsethik im Zeitalter der Globalisierung

Um 1500 kam es durch die Entdeckung Amerikas schon einmal zu einer ersten Globalisierung. Die Herausbildung des aufkommenden Frühkapitalismus führte zu einschneidenden Umbrüchen der soziopolitischen Situation. So wurde auch für Martin

Luther gegenüber der gewohnten Agrarwirtschaft mehr und mehr das Bürgertum, der Bergbau und der Handel das prägende gesellschaftliche Umfeld. Geld war nun nicht mehr Tauschmittel, sondern es verselbständigte sich und diente der Profitmaximierung. Damit war die Frage nach Zins und Wucher gestellt. Der paradoxen Praxis, dem Wucher mit Ablass zu begegnen, erteilte Luther eine klare Absage. Die Christen forderte er vielmehr zum „einfältigen Leihen" auf. Jedenfalls darf ein Christ die wirtschaftliche Notlage eines anderen nicht durch Zins oder Wucher ausnutzen. Dagegen beförderte Luther die Einführung des „gemeinen Kastens", der in den Städten kollektive Sozialhilfe verwirklichte.

Nach Luther kann es keine Eigengesetzlichkeit der Wirtschaft geben. Und das bleibt bis heute eine der bedrängenden Fragen der Wirtschaftsethik. „Lieber mit Gott arm denn mit dem Teufel reich sein", was kann das heißen im Zeitalter der Globalisierung zu Beginn des 21. Jahrhunderts?

Hans-Jürgen Prien

Gewissheit und Zuversicht – nicht nur bei Luthers Hochzeit

Auch für Martin Luther schien im Frühjahr 1525 die Zeit des Weltuntergangs angebrochen. Die Wirren des Bauernkrieges erschüttern das Land. Doch Martin nimmt dem Teufel zum Trotz seine Katharina zur Frau und gründet eine Familie. Auch der Untergang der Welt ist kein Grund zur Weltabgeschiedenheit. Denn der „liebe Jüngste Tag" ist nicht das Ende allen Seins, sondern die Weltvollendung, die alles zu seiner Bestimmung führt. So ist die Frage nach der Schöpfung nicht nur ein Blick zurück zu den Anfängen, sondern die Zuversicht nach vorn auf die Wiederherstellung der kaputten Schöpfung. Angesichts der ausgebeuteten Natur, des bedrohten Lebensraumes, der Orientierungslosigkeit der Menschheit und der Vorherrschaft der Ökonomie erscheint „der Fortschritt als Fahrt im Karussell". Martin Luthers getroster Lebensmut und seine nüchterne Schaffenskraft gründen jenseits von Pessimismus und Optimismus in der realen Gewißheit, dass Gott die Welt noch immer in seiner Hand hat und hält. Und darin bleibt Luthers Zeit- und Geschichtsverständnis ein verheißungsvolles Angebot für unsere Suche nach Sinn und Ziel des Lebens in dieser Welt.

Oswald Bayer

Während die Zeit in unseren Landen immer noch „nach Christi Geburt" gezählt wird – während am Tag der letzten Wittenberger Sonntagsvorlesung 2000 in den Kirchen, auf den Plätzen und Straßen der Lutherstadt zum 475. Mal „Luthers Hochzeit" als das mittelalterliche Stadtfest gefeiert wurde – pflanzen wir unseren Baum und bringen auf den Weg, was uns im Jahre der Zeitenwende 2000 Jahre nach Christus begleitet hat.

„Und wenn morgen die Welt unterginge, so wollen wir doch heute noch unser

Apfelbäumchen pflanzen." Ja, das könnte von Martin Luther sein - ist es aber nicht. Und dennoch drückt sich sehr wohl Luthers Vertrauen auf Gott und seine Schöpfung darin aus, allen Umbrüchen und Weltuntergangsstimmungen zum Trotz. Es ist wohl kein Zufall, dass dieses Wort vom Apfelbäumchen erstmals in der Zeit des Umbruchs nach dem 2. Weltkrieg belegt ist! So ist dieses Wort nach Angst und Schrecken ein wahres Trostwort und eine starke Ermutigung für eine große Zukunft geworden.

Den treuen und immer wieder auch neuen Zuhörerinnen und Zuhörern aus Wittenberg und längst weit darüber hinaus und besonders der Referentin und den Referenten sei mit dieser Veröffentlichung herzlich gedankt. Für die freundliche Unterstützung bei der Drucklegung danken wir der Kirchenkanzlei der Evangelischen Kirche der Union in Berlin.

Im Sommer 2000

Peter Freybe
Direktor am Predigerseminar Wittenberg

JOHAN WALTHER

Johan Walther, Ein newes Christlichs Lied/Dadurch Deudschland zur Busse vermanet/Wittenberg 1561

„Die Historie ist nichts anderes denn eine Anzeigung göttlicher Werke."

Martin Luther und das Ende der Geschichte

Martin Brecht

Vorüberlegungen

Nirgends als in Wittenberg kann einem deutlicher werden, daß zum reformatorischen evangelischen Christentum die Dimension der Geschichte, der Erinnerung und des Gedenkens, um der Wahrheit willen übrigens auch die der Kritik dazugehört. Anders wäre Wittenberg trotz Residenz und Universität eine der kleineren Städte an der Elbe geblieben und nicht zu einem Identifikationspunkt des Protestantismus geworden. Dabei geht es keineswegs lediglich um einen säkularen Sachverhalt. Zum (kirchlichen) Reformationsfest am 31. Oktober, dem angenommenen Tag des Anschlags der Ablaßthesen, oder früher zum 25. Juni, dem Gedenktag der Überreichung des Augsburger Bekenntnisses, zumal an den großen Jubiläen, gehört jeweils der erinnernde historische Bericht, der bewußt macht, was die eigene Identität konstituiert. Dies wurde durchaus auch mit Gott in Beziehung gesehen, wie ein gängiges Gebet zum Reformationsfest es artikuliert:

„... Wir danken Dir, daß Du Dich Deiner Kirche angenommen und ihr in Deinem Knechte Martin Luther einen Boten Deiner Gnade gesandt hat. Du hast ihm geholfen, daß er das lautere und reine Evangelium als ein helles Licht wieder auf den Leuchter gestellt hat. Dadurch sind unsere Herzen getröstet, unsere Gewissen geschärft, unser Leben mit den Gaben Deines Geistes erfüllt ..."

Man kann dies als einen Spezialfall der neutestamentlichen Weisung „Gedenket an eure Lehrer, die euch das Wort Gottes gesagt haben" (Hebr 13,7) auffassen, obwohl das Reformationsgedenken für mehr als für Personen, nämlich für eine Sache, für einen Inhalt, für einen geschichtlichen Übergang aus einem alten in einen neuen Zustand steht.

Martin Luther war eigentlich kein Historiker. In seinem riesigen literarischen Werk gibt es diesbezüglich nur vergleichsweise wenige Texte. Daß er historische Literatur gleichwohl geschätzt hat, wird zu zeigen sein. Aber man muß sich klarmachen, daß die Geschichtsschreibung zu Luthers Zeit noch nicht so recht zur Wissenschaft oder speziell zur Theologie gehört hat. Immerhin hat Luther in der berühmten Vorrede zum 1. Band seiner lateinischen Werke von 1545 den Nachkommen darüber berichtet, wie es zum Ablaßstreit und zum Prozeß der Reformation gekommen ist. Abgesehen von dem Wunder der reformatorischen Entdeckung bietet er dabei keine

Martin Luther als Prophet (mit Wittenberger Stadtansicht);
unbekannter Maler H. L. 1580

Triumphgeschichte, sondern ist sich fast entschuldigend des Relativen, Tastenden und Vorläufigen seiner ersten Schritte sehr wohl bewußt. In gewisser Weise gilt dies für Luthers ganzes Geschichtsverstehen. Er konnte aus dem Vorstellungsrahmen seiner Zeit nicht einfach heraussteigen, und darin ist er uns Heutigen zunächst überaus fern. Man wird auch sehen müssen, daß vielfach ein gegenseitiges Abhängigkeitsverhältnis von Bibelauslegung und Geschichtsverstehen bestand, das u.U. heute kritisch zu hinterfragen ist, weil wir anders damit nicht umgehen können. Ob Luthers Weisheit dann trotzdem noch etwas zu sagen hat, wird schließlich festzustellen sein.

1. Luthers Hochschätzung der Geschichtswissenschaft

Im Jahr 1524 hat Luther seine berühmte bildungspolitische Forderung *An die Ratherren aller Städte deutsches Landes, daß sie christliche Schulen aufrichten und halten sollen*, also nach höheren Schulen zur Sicherung des akademischen Nachwuchses, erhoben. Bildungseinrichtungen benötigen bekanntermaßen auch eine angemessene Ausstattung. Deshalb sollten die Schulen auch Bibliotheken haben, vorweg für die Bibel- und Auslegungswissenschaft, dazu für die Altphilologie, ohne die die christlichen Schriften nicht verstanden werden konnten. Die Rechts- und Arzneibücher nannte Luther an letzter Stelle und hielt eine kritische Auswahl unter ihnen für nötig. Dann jedoch kam er auf eine Sparte besonders zu sprechen:

„Mit den fürnemsten aber sollten seyn die Chronicken und Historien, waserley sprachen man haben künde. Denn die selben wunder nütz sind, der wellt lauff zu erkennen und zu regiren, Ja auch Gottes wunder und werck zu sehen. O wie manche feyne geschichte und sprüche sollt man itzt haben, die ynn Deutschen landen geschehen und gangen sind, der wyr itzt gar keyns haben. ..." (WA 15; 52,11-33).

Im Gegensatz zu den Deutschen hätten die Lateiner, Griechen und Hebräer ihre Überlieferung schriftlich festgehalten. Diese reiche Ernte soll eingebracht, gesammelt und erhalten werden, damit der Schutt unnützer Veröffentlichungen sie nicht wieder verschüttet. Luther gibt sich damit als Liebhaber historischer Darstellungen zu erkennen. Dabei geht es ihm nicht bloß um Unterhaltung und Sensationen, sondern um Erfahrung, was den Lauf und die Regierung der Welt, ja sogar Gottes Wirken bis hin zu seinen Wundertaten anbetrifft. Das ist dann als Weisheit auch sagbar und mitteilbar im treffenden Spruch. Luther hat sich auf solche Erfahrungen für seine eigene Beurteilung des Weltlaufs immer wieder berufen. Zu dem Problem der Deutung und der Zweideutigkeit historischer Vorgänge äußert er sich hier nicht. Man muß es aber benennen, weil angebliche Offenbarung in der Geschichte auch irreführen kann und irregeführt hat. Vom weisen Verstehen des Weltlaufs dispensiert dies jedoch nicht, sonst nimmt man nichts mehr oder nur noch Wirrnis und Chaos wahr. An der biblischen Geschichtsschreibung schätzte Luther die präzise Knappheit, während die heidnischen Schriftsteller die Szenen psychologisch oder vor allem rhetorisch ausgestalten. Luther hatte dafür zwar Sinn, aber man hatte sich bewußt zu sein, was für eine Textsorte man vor sich hatte (WATr 1,467). Den Umstand, daß es vergleichsweise wenig Geschichtsschreiber gab, erklärte sich Luther damit, daß man sich mit der Darstellung der Wahrheit Haß zuziehe. Bedeutsamer in diesem Zusammenhang ist seine Einsicht, daß Geschichtsschreibung parteiisch zu sein pflegt und beispielsweise dem Papsttum schmeichelte (WA Tr 4, Nr. 4147).

Im Jahre 1538 hat Luther eine Übersetzung seines Freundes Wenzeslaus Linck, zu jener Zeit Prediger in Nürnberg, zur damaligen Zeitgeschichte bevorwortet (WA 50; [381-383] 383-385). Dem verdanken wir eine der ausführlichsten Äußerungen über sein Verständnis der Geschichte. Bei dem Werk handelte es sich um die Geschichte des Galeatius Capella über die Wiedereinsetzung des Herzogs von Mailand in den 20er Jahren des 16. Jahrhunderts, in die der Papst, Frankreich, der Kaiser und Venedig verwickelt waren, sozusagen eine zeitgeschichtliche Darstellung. Für Luther bot die Geschichte Exempel oder Beispiele, und die waren geeignet, die Lehren der Weisen zu verdeutlichen. „Darumb ists ein seer köstlich ding umb die Historien." Die bloßen Lehren gibt „die Historien mit Exempeln und Geschichten gewaltiglich und stellet es gleich für die augen, als were man dabey." Dies gelte für das Leben und das Schicksal der Guten ebenso wie für das der Bösen und Unverständigen.

Die vier apokalyptischen Reiter, Albrecht Dürer;
September-Testament 1522

„Und wenn mans gründlich besinnet, So sind aus den Historien und Geschichten fast alle rechte, kunst, guter rat, warnung, drewen, schrecken, trösten, stercken, unterricht, fürsichtigkeit, weisheit, klugheit samt allen tugenden etc. als aus einem lebendigen brunnen gequollen. Das macht: die Historien sind nichts anders denn anzeigung, gedechtnis und merckmal göttlicher werck und urteil, wie er die welt, sonderlich die Menschen, erhelt, regiert, hindert, fördert, straffet und ehret, nach dem ein jglicher verdienet, Böses oder Gutes."

Von hier also stammt die etwas vereinfachte Themaformulierung dieser Vorlesung. Auch wer Gott nicht fürchte, müsse die Exempel der Geschichte zur Kenntnis nehmen.

„Darumb sind auch die Historien schreiber die aller nützlichsten Leute, das man sie nimmer gnug kan ehren, loben oder dancksagen."

Luther wünschte sich, daß die Herrschenden die Geschichte aufschreiben und die Überlieferung aufbewahren lassen, und kritisierte die Deutschen, bei denen es in dieser Hinsicht schlecht bestellt war. Dabei ist ihm wohl bewußt, das Geschäft ist alles andere als einfach: „Es gehört dazu ein trefflicher Mann, der ein Lewen hertz habe, unerschrocken die warheit zu schreiben." Zumeist werde parteiisch, verschweigend oder beschönigend geschrieben, „darnach sie jemand lieben oder [an]feinden. Damit werden die Historien uber die masse verdechtig und Gottes werck schendlich vertunckelt." Hingewiesen wird auf die Griechen oder „des Bapst Heuchler". Zuletzt komme es dahin, „das man nicht weis, was man gleuben sol. Also verdirbt der edle, schöne und höheste nutz der Historien, und werden eitel Wescher [Schwätzer] daraus." Aber eigentlich ist Geschichtsschreibung ein überaus verantwortliches Geschäft:

„*Denn weil die Historien nichts anders denn Gottes werck, das ist gnad und zorn, beschreiben, welchen man so billich gleuben mus, als wenn sie in der Biblien stünden, Solten sie warlich mit allem höhesten vleis, trewen und warheit geschrieben werden.*"

Luther wußte allerdings nüchtern, daß die Geschichtsdarstellungen diesen Anforderungen nicht immer genügten. Es galt also kritisch zu lesen:

„*In dessen müssen wir uns lassen be[g]nügen an unsern Historien, wie sie sind, und zu weilen selbs dencken und urteilen, ob der Schreiber etwa aus gunst oder ungunst schlipffere [= schlittere], zu vil oder zu wenig lobet und schilt, dar nach er den leuten oder Sachen geneigt ist.*"

Dabei verhalte es sich wie bei dem Wein, den die unbeaufsichtigten Fuhrleute beim Transport mit Wasser fälschten, so daß man den reinen, ungepanschten Trunk nicht bekommen kann und sich damit begnügen muß, wenigstens das Meiste oder doch etwas zu kriegen. Den Galeatius Capella hielt Luther allerdings für einen reellen Historienschreiber, der seinen generellen Erwartungen an Geschichtsschreibung recht genau entsprach:

„*darinnen man auch wol sehen kan Gottes werck, wie wünderlich er die Menschen kinder regieret, und wie gar böse der Teufel ist und seine Glieder, damit wir lernen Gott fürchten und seinen rat und hülffe suchen, beide inn grossen und kleinen sachen.*"

Der Antichrist

Schon aus dem soeben angeführten Zitat läßt sich entnehmen, daß Geschichte für Luther ein Schlachtfeld ist, auf dem auch die gottwidrigen Mächte auftreten und sich bemerkbar machen. Dies mag sehr veraltet und unmodern anmuten gegenüber einer rein innerweltlichen Geschichts- und Interessenmechanik, wie wir sie uns üblicherweise vorstellen. Denn auch wir müssen u.U. zur Kenntnis nehmen, daß der Ungeist mit seinen Bosheiten eine Realität ist, gegen die man sich zu stellen hat. Bei der Auseinandersetzung mit dem Ungeist kann es dahin kommen, daß ihm seine

Ansprüche oder Ordnungen oder Mythen auch historisch bestritten werden müssen. So ist beispielsweise mehrfach im Mittelalter und im Humanismus die angebliche Urkunde Kaiser Konstantins mit der Schenkung des Kirchenstaates und damit der weltlichen Herrschaft an die Päpste als Fälschung angeprangert worden. Luther hat diese Kritik gekannt und die angebliche Urkunde Konstantins selbst 1537 in deutscher Übersetzung unter dem ironischen Titel *Einer aus den hohen Artikeln des päpstlichen Glaubens, genannt Donatio Constantini* mit den entsprechenden kritischen Anmerkungen versehen veröffentlicht (WA 50; [65–69] 69-89). Dabei bekommt dann auch Papst Bonifaz VIII. (1294-1303) mit seinem Anspruch auf die Weltherrschaft und zugleich als Erfinder des soeben wieder ausgerufenen Heiligen (Ablaß-) Jahres sein gemessenes Teil an Kritik ab, etwa mit der Frage, wie Petrus, der arme Fischer von Bethsaida, laut der erhobenen Ansprüche dazu komme, erblicher König von England zu sein, und weiteren derartigen Beispielen. Dies läuft auf eine historische Demontage der kirchlichen und weltlichen Oberherrschaft des Papstes hinaus, mit der sich eigentlich das gerade in Mantua geplante Konzil zu befassen habe, was freilich nicht zu erwarten sei. Man mußte sich damit abfinden, daß der päpstliche Greuel seine Strafe erst in Gottes Gericht erhalten würde. Bis dahin hatte man sich damit zu begnügen, ihm seine Schande aufzudecken.

Der historische Streit ist nicht erst nachträglich aufgekommen, sondern er reicht bis in die Anfänge der Auseinandersetzung um die Reformation zurück. In der im Sommer 1519 als große Gelehrtenauseinandersetzung veranstalteten Leipziger Disputation mit Johannes Eck ging es nicht zuletzt um Luthers Bestreitung der These, daß die Oberherrschaft der römischen über die anderen Kirchen von Alters her bestanden habe. Er konnte sich dafür unter anderem auf die Canones des Konzils von Nicaea berufen. Auch der Papsthistoriker des späten 15. Jahrhunderts Platina hatte eingeräumt, daß die Griechen eine solche Oberherrschaft nicht anerkannt hätten. Der springende Punkt dabei war, daß somit die Oberherrschaft des Papstes über die anderen Kirchen nicht göttlichen Rechts, also Gottes geoffenbarte Stiftung sein konnte, vielmehr ein irdisch gewachsener und damit relativer, möglicherweise sogar fälschlich erhobener Anspruch war. Auf Platina komme es ihm dabei gar nicht an, sagte Luther in einer Spitzenaussage zu unserem Thema, sondern er stütze sich dabei auf die „Geschichte als die Mutter der Wahrheit" *[sed historiae (tribuo), quae est mater veritatis* (WA 59; 480,1482-1487). Mit dem weiteren historischen Beweis, daß das Konzil von Konstanz unter den Sätzen von Jan Hus auch einen des Kirchenvaters Augustinus verurteilt und damit also offensichtlich geirrt hatte, hob Luther das bisherige Autoritätsgefüge der Kirche mit Papst und Konzil an der Spitze aus den Angeln. Wenn aber die angebliche Spitze der Kirche derartig unberechtigte Ansprüche mit den entsprechenden Fehlentscheidungen erhob, stellte sich die Frage, was das Papsttum denn in Wirklichkeit war.

Angesichts der eingetretenen Perversion drängte sich Luther schon in jener Zeit die Gewißheit auf, daß es sich bei der Institution des Papsttums um den Widersacher Christi mitten in der Kirche, also um den endzeitlichen Antichrist handle (2 Thess 2,3f). Man muß sich dabei im Blick auf das Geschichtsverständnis Folgendes klarmachen: Einerseits ist die Auseinandersetzung mit dem Papsttum mit den Mitteln kritischer Geschichtswissenschaft geführt worden. Deren Resultat führte jedoch andererseits zur Annahme einer apokalyptischen Gegeninstanz, mit der nicht mehr einfach innerweltlich umgegangen werden konnte. Dieses Nebeneinander von moderner Kritik und apokalyptischer Sichtweise bedingt die Schwierigkeit im Umgang mit Luthers Geschichtskonzeption und läßt sie dann doch wieder überaus zeitgebunden und nicht übertragbar erscheinen. Gerechterweise wird man allerdings anerkennen müssen, daß sich der Vorgang des Streites Gottes mit seinem Widersacher nicht ohne weiteres in Abrede stellen läßt. So einfach läßt sich Luther als geschichtsbildmäßig überholt nicht ausgeben. Zumal es das Papsttum bis in Luthers letzte Lebenszeit offenkundig nicht an Beweisen fehlen ließ, nach denen Luther annehmen mußte, dieser Institution gehe es um die kriegerische Vernichtung des Evangeliums. Die Konstellation könnte mithin nicht schwieriger sein.

Luther hat in der Folgezeit immer wieder versucht, seine Konzeption vom Antichristen exegetisch und historisch auszubauen. Ein Beispiel dafür bietet die Gegenschrift gegen den italienischen Dominikaner Ambrosius Catharinus von 1521, der er eine Auslegung der Antichrist-Vision von Dan 8,23-25 beigab (WA 7; 705-778; bes. 722-777). Den größeren Zusammenhang bildet die für das christliche Geschichtsbewußtsein, auch das Luthers, außerordentlich wichtige Vorstellung von den vier Monarchien, deren letzte das Reich Alexanders des Großen, nach späteren Vorstellungen z.B. des Mittelalters das römische Weltreich sein würde. Konkret bezieht sich der Text auf die Unterdrückung des jüdischen Glaubens unter dem Seleukidenherrscher Antiochus Epiphanes IV. (168-165 v. Chr.). Luther hat den ganzen Zusammenhang enthistorisierend apokalyptisch aktuell verstanden. Er ist damit einer fragwürdigen Exegese aufgesessen, die seine umfänglichen Ausführungen weithin relativiert. Die Geschichtsbetrachtung wird ohne das biblische Fundament bodenlos. Was an scharfer Papstkritik aus dem Text herausgelesen wird, hängt trotz der Verbindung mit einem gesamtbiblischen Zusammenhang vielfach in der Luft und ist in den Text eingetragen. Auch Luthers Anforderungen an die Bibelauslegung wird dies nicht mehr gerecht, weshalb von dieser Schrift abzusehen ist.

An prominenter Stelle, nämlich als umfängliche Erweiterung der Vorrede zum Propheten Daniel, hat Luther 1541 einen weiteren von Antiochus Epiphanes IV. handelnden Abschnitt aus dem Propheten Daniel (Dan 11,36-12,12) apokalyptisch auf den Antichrist gedeutet (WADB 11/2; 50,1-124,20). Mit dieser Vorrede in den Lutherbibeln hat Luthers Geschichtsbild eine große Verbreitung erfahren. In den Textrahmen wird dann die ganze, immerhin vielfach durchaus fundierte Papstkritik hineingeschrieben bis hin zu dem Vorwurf des alten Luther, daß der Papst die ganze Ordnung der Welt verwüste. Auch die Unterdrückung der deutschen Kaiser durch den Papst wird vorgebracht. Über Johannes Hus werden die Linien dann ausgezogen bis zum Ablaßstreit von 1517 und bis zu dem Stoß, den das Papsttum durch die Verkündigung des Evangeliums erhalten habe. Die „geistliche", gemeint ist: die sich über den Wortsinn erhebende allegorische Deutung des Textes führt ständig wieder auf das Papsttum. Schließlich münden die Ausführungen in das allerdings nicht sehr präzise gezeichnete endzeitliche Geschehen. Das Ende der Geschichte ist in Sicht. Die Erweiterung der Danielvorrede vermag zwar gewissermaßen parallel zum biblischen Text die Strukturen eines widergöttlichen Herrschaftssystems herauszustellen, die exegetische Zulässigkeit eines solchen Verfahrens hätte jedoch eigentlich schon Luther problematisch werden können oder müssen. Aber Luther blieb an dieser Stelle zunehmend fixiert auf seine damals in der Tat negativen Erfahrungen mit dem Papsttum, die sich freilich auf die Dauer nicht kanonisieren und damit verbindlich vermitteln ließen.

In den Zusammenhang der Antichristvorstellung gehört auch folgende Edition eines weiteren historischen Werkes. 1536 erschienen in Wittenberg von dem der Reformation nahestehenden englischen Theologen und Kirchendiplomaten Robert Barnes (1495-1540) die *Vitae Romanorum Pontificum, quos Papas vocamus* [Lebensbeschreibungen der römischen Bischöfe, die wir Päpste nennen] von Petrus als dem angeblich ersten Papst bis zu Alexander III. (†1181). Das Vorwort stammte auch in diesem Falle von Luther (WA 50; [1-3] 3-5). Er schließt sich der Klage des alten Kirchenhistorikers Euseb an, durch Unachtsamkeit oder Ungunst der Zeit seien so viele historische Informationen verlorengegangen. Allerdings nimmt Luther an, daß dies nicht ohne Zulassung des allmächtigen Gottes geschehen sei. Er ist sich jedoch unsicher, ob dabei Gottes Barmherzigkeit oder, wie er befürchtet, sein Zorn am Werk war. Der Verlust an Überlieferung könnte das Gute gehabt haben, ein allzugroßes Ausufern der Heiligenverehrung auf Kosten Christi ausgeschlossen zu haben. Freilich habe der Satan dann doch das Seine mit der Verehrung angeblicher Heiliger wie Katharina, Barbara, Margareta, Ursula sowie Christophorus, Georg, Rochus und vielen anderen Götzen eingebracht. Dies hatte man vielleicht auch als Wüten des Zornes zu begreifen, der, wie 2 Thess 2,11f vorausgesagt, den Irrtum gesandt hatte für die Ersetzung Christi durch den Antichrist. Die Heiligen mit ihren Legenden gelten Luther dabei als lügenhafte, unhistorische Überlieferung, an die dann die falschen Ablässe sowie die zwar prunkvolle, aber götzendienerische Heiligenverehrung angehängt worden seien. Die historische Kritik wird auch hier über die Wahrnehmung der religiösen Perversion mit der Antichristvorstellung verbunden. Das ganze gipfelt in der Entwicklung der Vorstellung vom Papstamt mit seinen angeblichen Qualitäten und der angemaßten Schlüsselgewalt als Stellvertreter Gottes, eine Mischung aus zu verehrendem Gott und [antichristlichem] Mensch der Bosheit. Im Falle des Papstamtes werden die faktischen religiösen Ansprüche von Luther dann kombiniert zu der (biblischen) Figur des Antichrists. Dazu wäre es nach Luthers Meinung nicht gekommen, wenn verläßliche Historiker die Fakten überliefert hätten, durch die sich der Gestank dieser satanischen Kloake hätte wahrnehmen lassen. Luther spitzt nochmals zu: Er führt die Auffassung an, daß der Türke alles Heilige profaniere. Aber im Vergleich dazu sei der Stellvertreter Gottes weit schlimmer, weil er den Christen mit seinen Zwangsmitteln auch noch die Freiheit des Glaubens nehme. Der Kummer und Ärger über diese Situation führten vorweg zur Forderung nach Erforschung und Aufklärung der päpstlichen Tyrannei. Denn höchstes und angenehmstes Lobopfer ist es, was man gegen diese blutrünstige und gotteslästerliche

Hure des Teufels lesen, sagen und schreiben kann. In diesem Zusammenhang kommt es zu einer aufschlußreichen persönlichen Feststellung Luthers: „Ich habe freilich anfangs das Papsttum ohne große Kenntnis und Erfahrung der Geschichte lediglich prinzipiell (a priori), d.h. aus der Heiligen Schrift angegriffen." Jetzt freue er sich, daß dasselbe auch a posteriori, nämlich aus den Geschichtsdarstellungen geschehe. Es erfüllt ihn mit hoher Befriedigung, daß die ans Licht kommende Geschichte mit der Schrift übereinstimme. „Denn was ich aus D. Paulus und Daniel als Lehrern gelernt und gelehrt habe, daß der Papst jener Widersacher Gottes und aller sei, darauf weisen die Geschichten tatsächlich wie mit einem Finger hin und zeigen nicht nur die Gattung oder Art, sondern eindeutig das Individuum selbst." Theologische Bibelauslegung und Geschichtswissenschaft scheinen in einem Erkenntnisprozeß hinsichtlich eines unheimlichen Sachverhalts zur Deckung und Übereinstimmung gebracht. Man kann es nachvollziehen, daß diese Erkenntnis für Luther zwingend erscheinen mußte, auch wenn man ihm nicht mehr folgen kann. So muß man weiter überlegen, wie mit den Auffassungen Luthers umzugehen ist. Von seiner Antichrist-Vorstellung abzusehen, wie es in früheren Darstellungen über Luthers Geschichtsverständnis immer wieder mehr oder weniger geschehen ist, wird jedenfalls nicht angehen. Dazu steckt sie zu fest in Luthers System.

1540 hat sich Luther nochmals in einem Vorwort mit Robert Barnes befaßt und zwar mit seinem Glaubensbekenntnis, das er vor seinem Feuertod verfaßt hatte (WA 51; [445-447] 448-451), zu dem ihn ein Ketzerprozeß unter Heinrich VIII. verurteilt hatte. An diesem Vorwort ist u.a. bemerkenswert, daß Luther sich bewußt macht, daß Barnes, mit dem er in Wittenberg Umgang und normalen zwischenmenschlichen Kontakt gehabt hatte, nunmehr zu einem Märtyrer und Heiligen geworden war. Die Heiligen sind also die einstigen Mitchristen und nicht irgendwelche vom Papst ausgewählte und in den Himmel deklarierte Personen, eine nach wie vor relevante Auffassung.

Aus den Papstbiographien von Barnes hat Luther dann 1545 die Abschnitte über das illoyale Verhalten der Päpste Hadrian IV. und Alexander III. gegen Kaiser Friedrich unter dem Titel *Papsttreu Hadriani IV. und Alexanders III.* in deutscher Übersetzung herausgebracht (WA 54; [301-307] 307-345). In der gleichzeitigen, durchaus als anstößig zu bezeichnenden Karikaturen-Agitation, der *Abbildung des Papsttums* (WA 54; 346-373 samt Tafeln) findet sich am Anfang ein Holzschnitt mit der Geburt des Widerchrists samt den Furien als seinen Säugammen, dazu als Darstellung der angeblichen Dankbarkeit des Papstes die Enthauptung König Konradins durch den Papst, und schließlich die dem Kaiser erwiesene „Ehrerbietung", indem der Papst dem Kaiser den Fuß auf den Hals setzt. Dem historischen Groll wird hier sein Lauf gelassen. Auch Luther bediente sich dabei der Geschichtsdarstellung als Kampfplatz.

Luther hat sich dann um eine angemessene Präsentation des *Lebens der Väter* (Vitas Patrum, gemeint sind die Kirchenväter) bemüht. Er nahm weiterhin an der lückenhaften und unsauberen, legendären Überlieferung Anstoß. Auch ihre Ideale der Leidensunempfindlichkeit oder der mönchisch-asketischen Enthaltsamkeit von der Ehe oder von der Nahrung teilte er nicht. Ebenso hielt er nichts von der behaupteten moralischen Vollkommenheit der Väter. So veranlaßte er 1544 seinen jüngeren Kollegen Georg Major, eine gereinigte Fassung dieser Biographien herauszugeben, die von Gnade, Glauben, Vergebung der Sünden und den wahren Großtaten Gottes, durch welche Tod, Sünde und Hölle überwunden werden, handeln sollte und schrieb einmal mehr das Vorwort dazu (WA 54; [107]) 109-11). Hier zeichnet sich eine spezifisch evangelische Umgangsweise mit der Geschichte (und daneben übrigens auch mit Dichtung) ab.

Auf derselben Ebene lag ein gleichzeitiges Publikationsvorhaben des damaligen, was Anfechtungen anbetraf, nicht unerfahrenen Pfarrers und Superintendenten Georg Spalatin in Altenburg. Er wollte *Recht tröstliche Beispiele und Worte aus Leben und Leiden der Heiligen gesammelt* bieten. Luther begrüßte selbstverständlich auch dieses Vorhaben mit einem Vorwort (WA 54; [112f] 113-115), enthielt es doch einmal die nicht polemische Verteidigung des eigenen Standpunkts, sondern eine Stärkung der Gewissen durch die Zeugnisse und Beispiele der Alten, mit denen man sich in Gemeinschaft fühlen konnte. Obwohl jeder im Glauben für sich selbst stehen muß, selbst gegen die Pforten der Hölle, ist die Erfahrung der Gemeinschaft dabei bedeutsam. Dies gilt auch hinsichtlich der den Glaubenden anhaftenden Schwachheiten. Nicht nur heroische Vollkommenheit ist gefragt, sondern das Bewußtsein von der Angewiesenheit auf die Barmherzigkeit Gottes. Es interessiert, wie der Geist in den Glaubenden herrscht und Christus in ihnen wirkt oder wie sie wirklich Christi Werk sind, ebenso, wie sie ihre Schwachheiten bewältigen. Faktisch sollte hier das Ereignis von Gottes Gnade und Barmherzigkeit an konkreten Menschen vorgeführt werden, und dies gibt jedenfalls einen großen historischen Stoff ab.

Die chronologische Ordnung

Ohne chronologische Ordnung, also ohne Zahlen, konkret Jahreszahlen, kommt historisches Denken und Vorstellen nicht aus, auch wenn dies viele Menschen nicht kümmert. Sie können sich dann eben in der Geschichte und ihren Abständen nur schwer orientieren. Solange die Weltzeit für offen gehalten wird, ist dies auch nicht unbedingt wichtig. Nimmt man sie hingegen für begrenzt an, werden die Fragen „Wieviel Uhr ist es in der Welt?", „Geht es schon dem Abend zu?" dringend.
Luther hatte sich zunächst in einer Kladde eine Berechnung der Jahre der Welt *[Supputatio annorum mundi]* angelegt, die dann später gedruckt wurde (1541, 1545) [WA 53; (1-21) 22-184]. Von der Schöpfung vor mehr als angenommenen fünfeinhalbtausend Jahren waren für jedes Jahr eine Zeile und für jedes Jahrzehnt ein Abschnitt vorgesehen. Ausgehen konnte man dabei von den Angaben über die ersten Generationen seit Adam im 1. Mosebuch, was aber wie die Festlegung der Daten der jüdischen Geschichte bereits eine gewisse exegetische Kompetenz und Entscheidungsfähigkeit erforderte, da schon seit den Kirchenvätern die Zuordnung mancher Zeitangaben strittig war, nicht zuletzt, weil auch noch der außerbiblischen

Papstspottbild („Fußtritt"), WA 54

Chronologie Rechnung getragen werden mußte. So ist es gar nicht verwunderlich, daß Luther auch mit dem damaligen Wittenberger historischen Standardwerk und Lehrbuch, der *Chronica Carionis* gelegentlich differierte. Dabei handelte es sich um eine von Melanchthon stark überarbeitete Geschichtsdarstellung des aus Bietigheim bei Stuttgart stammenden und in brandenburgischen Diensten stehenden Johannes Carion (eigentlich Nägelin) von 1531 (deutsch 1532).

Gemeinsam ist Luthers Berechnung wie der Chronik die Annahme eines festen Zeitrahmens von 6000 Jahren für die Gesamtdauer der Geschichte. Man berief sich dafür schon im Mittelalter auf eine angebliche Prophezeiung Elias, faktisch handelte es sich um ein talmudisches Schema, das noch in der von der Schöpfung zählenden jüdischen Zeitrechnung von derzeit 5760 Jahren (3760 Jahre vor Christus) fortbesteht. Dabei spielte die Vorstellung eine Rolle, die Weltzeit bestehe aus einer göttlichen Woche, also aus 6 Tagen von je 1000 Jahren (vgl. Ps 90,4 und 2 Petr 3,8) und dann folge der göttliche Sabbat. Die 6000 Jahre wurden folgendermaßen unterteilt: 2000 Jahre entfielen auf die Zeit ohne das Gesetz (oder wie bei Luther bis auf Abraham). 2000 Jahre galt das Israel gegebene göttliche Gesetz, und 2000 Jahre würde die Epoche des Messias dauern.

Nur zum Vergleich sei darauf hingewiesen, daß für uns ein anderes Schema, nämlich das von Altertum, Mittelalter und Neuzeit geläufig geworden ist, wobei aber schon die Epochenbezeichnungen neueste Zeit oder gar Postmoderne andeuten, daß seine Brauchbarkeit zu Ende geht. Genau genommen handelt es sich auch dabei um ein heilsgeschichtliches und damit begrenztes Schema, nämlich um die Vorstellung von einem Zeitalter des Vaters, einem des Sohnes und einem des Heiligen Geistes. Die radikalen, mit ihrer „mittleren" und nur einen Durchgang bedeutenden

Zeit unzufriedenen Franziskaner erwarteten ein neues Zeitalter des Geistes. Daraus ist in der Moderne das (finstere) Mittelalter und die Neuzeit geworden.

Für Luther bleibt festzuhalten, daß er wie damals allgemein üblich mit einer streng begrenzten Weltzeit rechnete, womit unsere zunächst einmal nach rückwärts millionenfach ausgedehnte Weltgeschichte, in der der Mensch lediglich eine winzige Episode ist, überhaupt nicht vergleichbar ist. Hier haben sich Differenzen in der Zeiterfahrung ergeben, die kaum vorstellbar sind und die man doch in Anschlag bringen muß.

Dazu kommt, daß Luther nach der angenommenen Berechnung bereits im letzten Sechstel der Weltzeit lebte. Ferner glaubte man, wie bereits beschrieben, am Niedergang des Papsttums das Wirken des Antichrists ablesen zu können. Johannes Hus und der Ablaßstreit ließen sich hier einzeichnen. Luther war sich am Ende seiner Berechnung sicher, daß das 6. Jahrtausend gar nicht mehr vollendet werden würde, denn auch die drei Tage zwichen Tod und Auferstehung Christi seien ja faktisch erheblich verkürzt worden. Die Parallele überzeugt nicht unbedingt. Insgesamt bedeutete dies jedenfalls, daß Luther tatsächlich der Auffassung war, am Ende der Geschichte zu leben. Die Erfahrungen mit dem antichristlichen Verhalten des Papsttums ordneten sich in diesen Zusammenhang ohne weiteres ein. Man kann es auch umgekehrt sehen: Die Erwartung des nahen Endes der Geschichte zwang nicht mehr zur Suche nach innerweltlichen Lösungen und Arrangements, sondern lief lediglich noch auf Ablehnung und Konflikt hinaus. Dies macht eine Grenze und Beschränktheit aus, die gerade in der Theologie des alten Luther bemerkbar wird. Seine apokalyptischen Szenarien realisierten sich nicht, trotz der großen Not nicht einmal in den späteren Jahrhunderten. Die Geschichte ging jedesmal weiter, und wir haben mit einer offenen Geschichte zu leben, die Zeit und Stunde des Weltendes nicht weiß und alle fixen Vorhersagen darüber als Schwärmerei qualifizieren muß, die von den Entwicklungen entlarvt werden wird. Dies besagt nicht, daß keine apokalyptischen Ängste bestehen. Anlaß dazu gibt es in den unübersehbaren Entwicklungen, globalen, von den Menschen verursachten Gefährdungen und überheblichen Projekten reichlich. Dennoch müssen wir mit der Erwartung und Verantwortung leben, daß die Geschichte der Schöpfung noch fortgeht und uns dementsprechend verhalten und engagieren.

Dennoch Bleibendes an Luthers Geschichtsauffassung?

Als eine beachtliche Maxime hat man sich dabei in den Jahrzehnten nach dem Chaos des letzten Krieges auf das angebliche Lutherwort berufen: „Und wenn morgen die Welt unterginge, so wollen wir doch heute noch unser Apfelbäumchen pflanzen." Der sich dabei aussprechende nüchterne Realismus hat derart imponiert, daß man die Pflanzung des Apfelbäumchens sogar auf der Rückseite unserer 50 Pfennig-Münzen dargestellt hat. In der Tat wäre man damit hinsichtlich der Zeitgebundenheit von Luthers Geschichtsauffassung der Verlegenheiten enthoben. Trotz in-

*Sebald Beham, Martin Luther als Bibelübersetzer
und Evangelist; Nürnberg 1524*

tensiven Suchens hat sich jedoch das Zitat weder bei Luther noch im bekanntlich an der Endzeit interessierten schwäbischen Pietismus, wo man es auch vermutet hat, finden lassen, wobei eine ältere Quelle jedoch nach wie vor nicht ganz auszuschließen ist. Bis heute ist das Dictum inhaltlich strittig geblieben. In Verbindung mit dem Schöpfungsglauben und dem Vertrauen auf Gottes Treue zur Welt läßt es sich mit lutherischen Vorstellungen einigermaßen zusammenbringen, obwohl zutreffend darauf hingewiesen worden ist, wie inbrünstig der alte Luther gerade in den Wirren seiner Zeit den nahe geglaubten Jüngsten Tag herbeigesehnt hat. (Vgl. Martin Schloemann, Luthers Apfelbäumchen?, Göttingen 1994).
Wenn man Luthers bleibender Leistung als Historiker und Geschichtsschreiber begegnen will, wird man sich dahin wenden müssen, wo trotz der zuvor benannten Fehlleistungen auch seine wissenschaftliche Stärke primär lag, nämlich zu seiner Schriftauslegung. Vorweg ist hier seine Auslegung der Psalmen in den Blick zu fassen. In der Vorrede zur deutschen Übersetzung des Psalters von 1528 (WADB 10/1; 98/99-104/105) stellte er den Psalter den Heiligenlegenden und -historien gegenüber. Richtiger gesagt, zog er den Psalter dem allem vor und stellte ihn an die Spitze

aller Geschichtsschreibung. Denn hier werde umfassend geschildert, was Gott tut und wie die Heiligen sich in den unterschiedlichsten Situationen und gegenüber Freund und Feind verhalten. Der Psalter kann deshalb als „kleine Biblia" bezeichnet werden, die die große zusammenfaßt. Während die anderen einschlägigen Bücher viel von den Werken der Heiligen berichten, ist der Psalter auf ihre Worte und ihr Beten ausgerichtet und gerade damit ein redendes und zugleich spezifisch menschliches Buch. Auf diese Weise erhalte man den tiefsten Einblick, nämlich in das Herz der betreffenden Menschen und dies sogar in den extremen Situationen der Anfechtungen. „Da siehest du allen Heiligen ins Herz ..." Welch ein Erkenntnisgewinn! Zugleich habe man hier ein Modell rechter Gemeinschaft vor sich. So kann der Psalter dann auch als beispielgebend fungieren. Luther hat den Psalter und die Bibel mit solch sympathetischer Affektivität wahrgenommen und deshalb viel daraus für sich und über die Situation des Menschen überhaupt samt Gottes Umgang mit ihm erfahren. Man wird zugeben müssen, daß dies zum eigentlichen Gegenstand von Geschichte gehört.

Was damit gemeint sein kann, läßt sich unschwer veranschaulichen: In seiner Auslegung des Magnificat, des Lobgesangs der Maria, der an sich auch ein Psalm ist, strukturiert Luther den Text durch eine Auflistung von sechs Werken Gottes (WA 7; 578,29-595,25). An erster Stelle wird im Gegensatz zum allgemeinen menschlichen Handeln Gottes Barmherzigkeit als geschichtsgestaltende Macht benannt, ein Sachverhalt, an dem das Denken nicht so schnell zu einem Ende kommt. Das zweite Werk Gottes besteht darin, geistliche Hoffart (Überheblichkeit) zu zerstören. Luthers Auslegung ist von einer Weisheit, die hinter die vordergründigen Machtkonstellationen schaut. Wer lange und wach genug lebt, kann es nachvollziehen, wie sich die festgefügt scheinenden Verhältnisse samt den forschen Angebereien wenden können. Selbst innerhalb unserer eigenen Geschichtserfahrung haben wir in den letzten Jahren einiges davon mitbekommen. Zu Gottes Werken gehört in dieser Perspektive einerseits, die Hochgestellten zu erniedrigen, und andererseits, die Niedrigen zu erhöhen, wenn auch der Glaube dabei geduldig warten muß. Aber schon im Verlauf der Völkergeschichte fehlte es dafür nicht an Beispielen. Ebenso verhält es sich damit, daß die Hungrigen gesättigt werden, während die Reichen leer ausgehen. Es handelt sich bei all diesen Prozessen auch um Umgangsweisen Gottes mit seinem Volk sowie um Vorgänge, die im Christusgeschehen ihre Entsprechungen haben. Das macht letztlich hier die Tiefe und die Weisheit von Luthers Geschichtsverständnis aus. Die Geschichte lehrt, daß die Mächtigen immer wieder einen finden, der sie umstößt und ihnen das Schwert aus der Hand nimmt, selbst die damals als unüberwindlich erscheinenden Türken (Habakuk-Auslegung 1526, WA 19; 360,12-29).

Je nach dem konnte dies Luther auch profaner artikulieren, wie z.B in den Auslegungen des belehrungsstarken Ps 127 „Wo der HERR nicht das Haus bauet, so arbeiten umsonst, die daran bauen" (WA 15; 360-378 und WA 40/III; 202-269), wo es eigentlich um den Hausstand, Ehe, Familie, die Ökonomie und die Arbeit, aber letzlich dann doch um das Gottvertrauen geht mit dem knappen, aber „köstlichen" Eingang: „Wenn der Herr nicht...". Hinter allen Geschäften, aller Wirrnis agiert dabei

Gott wunderlich mit seiner „Mummerey", seinem Maskenspiel, und dagegen ist mit dem eigenen Kopf nicht durchzukommen. Da muß man zuwarten können wie Kurfürst Friedrich der Weise.

Die Auslegung von Ps 101,1-4 (WA 51; 200-237) zeigt, wie Luther einen Blick dafür gehabt hat, daß es spezifische politische Begabungen, er nennt sie Gottes Wunderleute, mit natürlicher Vernunft gibt, aber auch deren unfähige Imitationen oder Affen.

Der Umgang Josephs mit seinen Brüdern in Ägypten erscheint Luther vordergründig wie „ein Spiel der Katzen mit der Maus, welches der Maus Tod ist". Er fährt aber fort: „Und trotzdem zeigt es sich am Wendepunkt des Schauspiels, daß Gott ganz süß mit ihnen gespielt und nicht anders gehandelt hat als mit den geliebtesten Kindern" (WA 44; 466). Die späte Genesis-Vorlesung Luthers ist voll von solchen Wahrnehmungen bis hin zur Durchsetzung der Barmherzigkeit am Schluß.

Damit behält Luthers Geschichtsschau über ihre ihm vorgegebenen und dann auch von ihm selbst forcierten Schranken hinweg, die sich nicht bewahrheitet haben, eine generelle theologische, aber auch historisch beachtenswerte Gültigkeit, die auch im heutigen Weltlauf Orientierung zu bieten vermag. Das glaubende Vertrauen setzt dabei auf ein gutes Ende, von dem es Zeit und Stunde wie Umstände freilich nicht zu benennen vermag.

Literatur

Reinhard Schwarz, Die Wahrheit der Geschichte im Verständnis der Wittenberger Reformation, ZThK 76, 1979, 159-190. - *Ferner sind zu nennen:* Hermann Dörries, Luthers Verständnis der Geschichte, in: Ders., Wort und Stunde III, Göttingen 1970, 1-83. - Hans-Walter Krumwiede, Glaube und Geschichte in der Theologie Luthers, Göttingen 1952. - Martin Schmidt, Luthers Schau der Geschichte, LuJ 30, 1963, 17-69.

„Die Bewegung der himlischen schar"...

Endzeitliches Denken und astrologische Zukunftsdeutung zur Zeit Martin Luthers[1]

Heike Talkenberger

Zu Beginn des 16. Jahrhunderts war die Welt im Umbruch. Die Glaubensspaltung, neue technische Entwicklungen und Finanzpraktiken, das Vordringen der Türken bis vor Wien und die Entdeckung der Neuen Welt erschütterten alle gewohnten Vorstellungen. Nichts schien mehr, wie es zuvor gewesen war. Auch von innen drohten dem Reich Gefahren, sei es durch die Uneinigkeit der Fürsten, sei es durch die wachsende Unzufriedenheit des „gemeinen Mannes" auf dem Land. Das alte Weltbild war durch die neuen Entdeckungen in Frage gestellt, der Streit um den rechten Glauben erschien so manchem als Menetekel eines nahen allgemeinen Umsturzes.[2] Die düstern Vorhersagen der Prophetienliteratur eines Johannes Lichtenberger oder Joseph Grünpeck, die vom Untergang des letzten großen Reiches sprachen, schienen anwendbar auf das Heilige Römische Reich Deutscher Nation. Das Ergebnis war eine tiefe Verunsicherung der Menschen. Und so war es nicht verwunderlich, daß auch das Herannahen des Jüngsten Tages für nicht mehr fern gehalten wurde. Auch wenn sich Hoffnungen auf den jungen König Karl als katholischen Monarch richteten[3], und so mancher nationalbegeisterte humanistische Gelehrte der Zukunft optimistisch gegenüberstand, die Ängste überwogen doch. Und was bedeuteten die Zeichen, die man vermehrt am Himmel wahrzunehmen meinte? Was hatte es auf sich mit der Vorhersage der Astrologen, der Februar des Jahres 1524 werde sintflutartige Regenfälle, Umsturz und Krieg, ja die Ankunft des „Endchristen" bringen? Auch wenn die meisten Astrologen gar nicht explizit von einer zweiten Sintflut sprachen, so knüpften doch die meisten an die Große Planetenkonjunktion von Jupiter und Saturn im Zeichen der Fische eine unheilvolle Prophetie, die, in zahlreichen Flugschriften mit eindrucksvollen Titelholzschnitten verbreitet, die Angst vor einem Weltuntergang durch eine große Flut schürte.[4]
Aber es gab auch kritische Stimmen, die die Unglücksprophetie abzuschwächen oder völlig zu entkräften suchten. Da waren zunächst die Zweifler im Lager der Astrologen selbst. Hier wurde im wesentlichen die Geltung der von Albumasar und Messahalla entwickelten arabischen Konjunktionenlehre, wie sie im 12. und 13. Jahrhundert über Spanien in Europa rezipiert wurde, bestritten. Demgegenüber wurde die ptolemäische Eklipsentheorie favorisiert, die die Sonnen- und Mondfinsternisse für bedeutender hält als die Konjunktionen, an die Eklipsen jedoch keine so weitreichenden Wirkungszusammenhänge knüpft. Eine universale Wasserflut, so das Argument, könne durch eine einzelne Planetenkonstellation nicht ausgelöst werden, da sie immer nur partielle Wirkung auf der Erde erlangen könne.[5]
Doch nicht nur die astrologischen Theorien mahnten zur Vorsicht: Ein ganz we-

sentlicher Einwand gegen die Sintflutprophetie war ihr offensichtlicher Widerspruch zur Bibel mit ihrer durch den Regenbogen symbolisierten Verheißung, daß es nie wieder zu einer zweiten Sintflut kommen werde. Außerdem kündigt die Apokalypse einen Untergang der Welt durch Feuer, nicht durch Wasser an. Klar wird die Brisanz der Sintflutprophetie, deren Verbreitung den Astrologen dem Vorwurf der Ketzerei aussetzte. Die Unglückspropheten versuchten sich abzusichern, indem sie Psalm 19,2 zitierten: „Die hymel offenbarn dy glori gottes : und dy werck seiner hend verkundt das firmament" (Apian, Practica für 1524), und das Wort „Sintflut" kaum verwendeten.

Der Konflikt öffnet den Blick auf das außerordentlich prekäre Verhältnis zwischen der Astrologie als Naturlehre und Auslegepraxis und dem christlichen Glauben. Schon bei den Kirchenvätern war die Astrologie auf Kritik gestoßen und mit Bezug auf einschlägige Bibelstellen als Aberglauben bezeichnet worden. (Jer. 10,2 : „So spricht der Herr: Ihr sollt nicht den Gottesdienst der Heiden annehmen und sollt Euch nicht fürchten vor den Zeichen des Himmels, wie die Heiden sich fürchten." oder 5. Moses 18, 9-14: „Wenn du in das Land kommst, das dir der Herr, dein Gott geben wird, so sollst du nicht lernen, die Greuel dieser Völker zu tun, daß nicht jemand unter dir gefunden werde, der seinen Sohn oder seine Tochter durchs Feuer gehen läßt oder Wahrsagerei, Hellseherei, geheime Künste oder Zauberei treibt oder Bannungen oder Geisterbeschwörungen oder Zeichendeuterei vornimmt oder die Toten befragt. ... Denn diese Völker, deren Land du einnehmen wirst, hören auf Zeichendeuter und Wahrsager; dir aber hat der Herr, dein Gott, so etwas verwehrt.") Kritik wurde vor allem an der „judiziarischen Astrologie" laut, die ein möglichst detailliertes Zukunftsbild entwerfen will. Insbesondere die „Tagewählerei", das heißt die Festlegung von Glücks- und Unglückstagen, wurde kritisiert, denn diese Praxis kollidierte mit der Vorstellung einer unbeschränkbaren göttlichen Vorsehung. All diese Konfliktpunkte spiegeln die Gratwanderung der Astrologen zwischen Rechtgläubigkeit und Ketzerei.[6]

So tobte der Flugschriftenkampf zwischen denjenigen, die bei allen Einschränkungen an eine zumindest ungewöhnlich starke Wasserflut und das Herannahen der Endzeit glaubten, und denjenigen, die zwar Turbulenzen vorhersahen, aber insgesamt eher beschwichtigen wollten. Will man die astrologischen Argumentationen konfessionell zuordnen, so fällt auf, daß die Katastrophenprophetie in Text und Bild eher von den reformatorisch gesinnten oder reformorientierten Astrologen vertreten wurde, die ihre Prophetie mit einem Appell an die Rezipienten zu einer religiös-moralischen Umkehr verbanden, während die astrologischen Beruhigungsschriften fast durchgehend aus dem altgläubigen Lager kamen und die bestehenden Verhältnisse zu stabilisieren suchten. Wem sollte man nun glauben? Aufklärung tat Not.

In dieser Situation hat sich auch Martin Luther mit einem Beitrag zur Sintflutdebatte geäußert. Daß reformatorische Gesinnung nicht von vornherein eine Ablehnung der Astrologie mit sich bringen mußte, haben wir schon an den Sintflutschriften gesehen. Auch von Melanchthon[7] und Spalatin ist bekannt, daß sie der Astrologie großes Interesse entgegenbrachten. Unter den Papieren Spalatins befand sich

Titelblatt der Schrift von Leonhard Reynmann, Practica. Nürnberg 1523

die Abschrift einer Prophetie für 1521, die im wesentlichen die Unglücksprophetie für 1524 widergab. Sein astrologischer Ratgeber war der Mathematiker Johannes Volmar, der sich allerdings auf Vorhersagen allgemeinster Art beschränkte.
Eine derartige Koppelung von reformatorischem Anliegen und astrologischen Motiven entsprach aber keineswegs der Intention Luthers. Im Streit um Sintflut, Antichrist und Jüngsten Tag hat er sich eingemischt, hat Orientierungshilfe für seine Anhänger gegeben und die öffentliche Meinung beeinflußt. Sein Beitrag zur Sintflutdebatte ist in seiner Predigt zum 2. Adventssonntag 1522 zu erblicken, in der er die Bibelstelle Lukas 21, 25-36 auslegt und die Grundsätze für eine seiner Meinung nach wahrhaft evangelischen Auffassung vom Jüngsten Tag entwickelt sowie von den Zeichen spricht, die ihn ankündigen sollen. Seine Gedanken werden aufgenommen und individuell umgesetzt von einer Reihe evangelisch gesinnter Autoren, die nun ihrerseits mit regelrechten „Gegenpraktiken" zum entscheidenden Schlag gegen die Sternenfurcht ausholen wollten. Um Luthers Predigt und die Schriften der anderen Autoren, aber auch um frühere Stellungnahmen Luthers zur Astrologie generell und die aufgeregten Reaktionen der Astrologen darauf wird es im folgenden Vortrag gehen.

Zunächst noch einmal ein Blick zurück: Bereits 1517 hat Luther in seinen Predigten zur Auslegung der Zehn Gebote, die unter dem Titel „Decem Praecepta Vuittenbergensi predicata populo" bzw. „Der Zehen gebot ein nützliche erklerung" 1518 gedruckt wurden und aus denen eine Kurzfassung, „Die zehen gepot gottes. mit einer kurtzen außlegung", ebenfalls 1518 gedruckt, hervorging, unmißverständlich Kritik an der Astrologie geübt.[8] In der Charakterisierung von Verhaltensweisen, die als Übertretung der jeweiligen Gebote anzusehen sind, ist für Luther der Glaube an die Astrologie oder das Ausüben von astrologischen Praktiken ein Verstoß gegen das erste Gebot, gleichzusetzen mit Zauberei, Schwarzkunst, magischen Praktiken wie Kräuter- und Wettersegen, Wünschelrutengehen oder Weissagungen aus der Kristallkugel.[9] Sie gilt ihm zuallererst als unchristliche 'Kunst', mit den Aussagen der Bibel sei sie nicht vereinbar. Auch er bezieht sich auf Jeremias 10,2 oder 5 Mose 18, 9-14. Sie sei schon deshalb abzulehnen, weil es dem Menschen geboten sei, nur Gott gehorsam zu sein und darauf sein Leben und sein Verhalten zu richten. Es könne außerdem kein Heiliger genannt werden, der sich astrologischer Vorhersage bedient habe.

Eine Gefahr sieht Luther auch in der Möglichkeit, sündhaftes Verhalten des Menschen durch den Einfluß der Gestirne erklären und rechtfertigen zu wollen, so daß die Verantwortung des Menschen für seine Handlungen nicht mehr gewährleistet sei. Das menschliche Leben ist nach Luther durch die Erbsünde bestimmt. Sünde entstehe im Inneren des Menschen, nicht durch äußere Einflüsse. Ironisch fragt Luther, unter welchem Sterneneinfluß Adam und Eva wohl gestanden hätten.[10]

Sein besonderer Tadel gilt jedoch der Tagewählerei, d.h. der aufgrund von Gestirnskonstellationen getroffenen Festsetzung der richtigen Zeit oder der Vorhersage von Glücks- und Unglückstagen. Luther nennt vor allem die 'Ägyptischen Tage'.[11] Auch für die Medizin lehnt er die astrologische Zeitwahl ab. Der Tagewählerei entgegenzuwirken war sein besonderes Anliegen, denn diese astrologische Praxis, die besonders populär war,[12] erwähnt er explizit in der deutschen Kurzform der Geboteauslegung als Verstoß. Luthers Astrologiekritik trat in einer 'Schirmrede', die 1520 bei Grüninger in Straßburg gedruckt wurde, der Straßburger Humanist und Astrologe Lorenz Fries entgegen.[13] Über den streitbaren Astrologen sind nur wenige gesicherte Lebensdaten bekannt. Geboren wurde er wohl zwischen 1485 und 1490 in Colmar, erzogen in einem Pfarrhaushalt in Grüningen. In den Universitätsmatrikeln ist sein Name nicht nachgewiesen; am wahrscheinlichsten ist der Studienort Wien. In Italien ist er sicher gewesen; er berichtet über Pavia und Piacenza und brachte 1513 die Kunde von der „Wundergeburt" in Rom, dem sogenannten „Papstesel" mit. Ob er seinen Doktortitel in Montpellier erworben hat, ist fraglich. Nach seiner Rückkehr aus Italien blieb Fries im oberdeutschen Raum. 1514 bis 1519 war er als Arzt in Colmar tätig. Ende 1519, nach kurzem Aufenthalt in Freiburg in der Schweiz, nahm er seinen Wohnsitz in Straßburg, wo er Barbara Thun heiratete und das Bürgerrecht erwarb. Colmar, Diedenhofen und Metz sind die letzten Stationen seines Lebens; 1532 ist er gestorben.

In seiner 'Schirmrede' wendet sich Fries gegen die Verachtung der freien Künste und der Naturphilosophie, der er „widerumb zuo liecht hulfe" (A2a) will. Er beschwert sich vor allem über die Kritik an der Astrologie, wie sie von ungebildeten Geistlichen geübt werde:

> „... ettliche geistlichen so sye ir zeit in spil gibtt / wuocher vnd üppigkeit verzert / nit fil die heiligen geschrifft angesehen / kumment sie vff die cantzel vnnd vernichten dise kunst / wie wol sie nit wyssend ob sie bitter od süeß ist / Ettliche dieser guoten einfeltigen herren ... verachtent die instrument der astronomy ... vnd sagent es sei abgoettery ..." (A2b)

Neben der Ungebildetheit nennt Fries auch Wucher, Verschwendung sowie Spielsucht und wiederholt damit gängige Vorwürfe, wie sie die Kritik am katholischen Klerus charakterisierten. Die Bezeichnung der Astrologie als unchristlich durch Geistliche, die sich selbst derartig diskreditiert haben, kann nicht ernstgenommen werden - diese Schlußfolgerung unterstellt Fries' Argumentation. Gewichtiger erscheinen ihm da schon die Vorwürfe Martin Luthers, den er immerhin als „hochgelert" (A3a) bezeichnet. Von der Astronomie und den Astrologen dagegen verstehe er gar nichts, hält Fries Luther vor, dies zeige sich schon an der Kritik an den 'Ägyptischen Tagen'. Nach dieser Regel richte sich kein Astrologe, verwende zur Zeitwahl vielmehr die Mondphasen und die Aspekte der Planeten. Die Notwendigkeit der astrologischen Zeitwahl für die Medizin sucht Fries in zahlreichen Zitaten von Galen, Hippokrates und anderen nachzuweisen. Vor allem aber den Vorwurf, eine unchristliche Kunst zu betreiben, will Fries entkräften:

> „Nein für war dise kunst haltet sich allein zuo dem waren gott / gibt dem selbigen allein er vnnd lob zuo aller zeit ..." (A4a)

Die Unterordnung der Astrologie unter den Willen Gottes betont Fries hier, sich gleichzeitig von den Praktiken volkstümlicher Heiligenverehrung absetzend. Wie könne eine Kunst heidnisch sein, so fährt Fries fort, die nicht von Opfern, Feuern, Abgöttern, Gebeten oder Gelübden handele, sondern von den Gestirnen, den Vermittlern zwischen Gott und den Elementen. Auch die christliche Kirche richte sich nach ihnen bei der Festlegung der Feiertage. Schließlich führt er die Bibelstelle Lukas 21,25 als Legitimation an und fügt zahlreiche Zitate der Kirchenväter, vor allem aber römischer, griechischer und arabischer Philosophen an, die die Astrologie rechtfertigen sollen, vergißt auch die Erwähnung Melanchthons nicht,[14] wohl wissend, daß dieser zur Astrologie ein positives Verhältnis hatte. Mit seinen Nachweisen aus antiker und arabischer Tradition kommt Fries jedoch gerade dem Vorwurf Luthers entgegen, die Astrologie sei eine heidnische Kunst. Es ist eine genuin humanistische Argumentation, die Fries vorführt. Die Bibel ist für ihn in diesem Zusammenhang nur eine von vielen Quellen, sie behauptet keinen Vorrang vor der antiken Philosophie. Der reformatorische Zugriff Luthers bleibt ihm völlig fremd.

In seiner 'Schirmrede' spielt Fries zusätzlich auf einen weiteren Gegner der Astrologie an, wenn er es nicht dulden will, daß „ettliche doren fastnacht spill" (A2b) die

'natürliche Kunst' verunglimpfen. Er meint hier das persönlich gegen ihn gerichtete Fastnachtsspiel „Die Gouchmatt" von Pamphilius Gengenbach.
Gengenbach, um 1480 geboren, besuchte keine Universität, verfügte aber dennoch über eine breitere Bildung, wie seine Fastnachtsspiele, Gedichte und Lieder zeigen. Zunächst arbeitete er als Drucker in der Offizin des Anton Koberger in Nürnberg, später wurde er in Basel tätig. Dort heiratete er 1509 Anna Renkin und konnte 1511 das Basler Bürgerrecht erwerben. Die Basler Kriminalakten sprechen von zahlreichen Händeln und Schuldklagen, in die Gengenbach verwickelt war. 1522 mußte er gar, nach Entlassung aus dem Gefängnis, Urfehde schwören. Schon Ende 1524 oder Anfang 1525 ist Gengenbach gestorben.
Die „Gouchmatt"[15] ist ein moral-kritisches Stück gegen Unkeuschheit und Ehebruch. Umstritten ist, wann es aufgeführt und gedruckt wurde.
Als einer der „geuch", die sich der Frau Venus ergeben wollen, wird ein Doktor vorgeführt, der sich im Laufe der Spielhandlung als Fries entpuppt.[16] Zunächst warnt der Narr, der in dem Stück den Standpunkt des Dichters Gengenbach vertritt, den Doktor, er solle sich vor Venus in acht nehmen, „das sie kein Esel auß dir mach",[17] doch der Doktor weiß sich aufgrund seiner astrologischen Kenntnisse gefeit. Aber nach der Begegnung mit Venus muß er gestehen „das ich vergeß gar dick der zeichen".[18] Aus seinem eigenen Munde erfolgt eine heftige Kritik an seinen Jahrespraktiken mit ihren konkreten Angaben zu Wetter, Ernte, Krieg und Unglückstagen. Nicht die Wissenschaft, sondern der „burenschu" und „fraw venus ars kärben"[19] seien die Grundlage der Vorhersagen, die die Menschen nur betrüben. Mit Beschuldigungen fährt auch der Narr fort: Die Tagewählerei verstoße gegen Gottes Gebote und kirchliches Gesetz, womit der Beschluß des 5. Lateran-Konzils gemeint ist. Außerdem verweist der Narr auf die Gefahr, daß mit Hilfe der Astrologie jeder Sünder seine Vergehen den Gestirnskonstellationen zuschreiben könnte, also für sein Verhalten nicht persönlich einstehe. Er ruft die Geistlichkeit und die Obrigkeit auf, gegen die Astrologen aktiv vorzugehen und sich statt an arabischer oder griechischer Astrologie an der Bibel und Augustinus zu orientieren.[20] Diese moralischen Lehren weist Fries jedoch verstockt zurück und fällt Venus als Beute zu, die ihn in einen Esel verwandelt, nicht ohne darauf hinzuweisen, daß auch Aristoteles, Vergil, Salomon und David dieses Schicksal zuvor ereilte.[21] Gengenbachs Astrologiekritik stimmt in großen Zügen mit der Luthers überein, was vermuten läßt, daß Gengenbach Luthers Auslegung der Zehn Gebote gekannt hat.
Luther selbst hat nach seiner Rückkehr von der Wartburg am 7. 3. 1522 zunächst nicht in die Sintflutdebatte eingegriffen, diese aber schon im Januar 1521 durchaus zur Kenntnis genommen, wie ein Brief an Wenzeslaus Link vom 14. 1. 1521 bezeugt.[22]
Dieser Schlagabtausch zwischen Astrologiegegnern und -befürwortern bildet das Vorspiel zu der nun folgenden intensiveren Auseinandersetzung, die sich ganz auf die Sintflutprophetie bezieht. Wie schon erwähnt, ist Luthers Stellungnahme die Predigt zum 2. Adventssonntag 1522, die in verschiedenen Publikationsformen eine weite Verbreitung gefunden hat. Sie erschien als Adventspostille oder gemeinsam

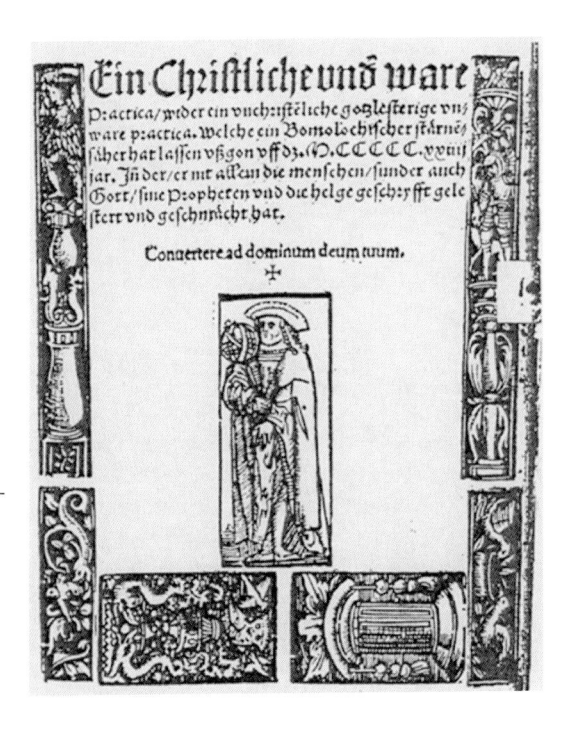

Titelblatt der Schrift von Pamphilius Gengenbach,
Eine christliche und wahre Practica. (Basel 1523)

mit der Weihnachtspostille oder der Fastenpostille. Bis 1540 wurde sie fünfzehn Mal gedruckt. Als Teil der Winterpostille erschien sie in neunzehn Auflagen bis 1552. Außerdem erschien sie in Einzeldrucken.
Darüber hinaus war ein Teil der Predigt in der Schrift „Ein Sermon / von der beschneydung am newen Iars tag: Item ain gaystliche außlegung der Zaichen in Son Mon vnnd gestirn" enthalten. Hiervon sind drei Auflagen ausgewiesen, sie alle sind 1524 erschienen und zwar bei Michel Buchführer in Jena, bei Jakob Schmidt in Speyer und bei Heinrich Steiner in Augsburg.[23] Die Zusammenstellung der Adventspredigt mit dem Sermon am Neujahrstag 1524 erscheint völlig willkürlich und erklärt sich wohl nur aus dem Heranrücken des kritischen Februartermins 1524, der dem Verkaufskalkül der Drucker eingab, Teile der Predigt Luthers nochmals zu drucken. Jedenfalls zeigt die Druckgeschichte der Adventspredigt, insbesondere außerhalb der Postillen als Einzeldruck vor dem Februar 1524, mit welch großem Interesse die Worte Luthers aufgenommen wurden, wie sehr man sich Orientierungshilfe durch sie erhoffte.
Zu Beginn seiner Predigt zitiert Luther die gesamte Bibelstelle Lukas 21, 25-36. Einleitend führt Luther aus, daß die Zeichen, die den Jüngsten Tag ankündigen sol-

len, nur von wenigen wirklich erkannt werden, denn in der Bibel heiße es einerseits, daß Zeichen gesehen werden, andererseits, daß der Jüngste Tag unversehens komme, da die Menschen die Vorzeichen nicht ernstnehmen, sondern weiterhin ein nur von weltlichen Genüssen diktiertes Leben führen werden. Hier sei eine Parallele zur Vorgeschichte der Sintflut gegeben: Bis zum Hereinbrechen der Katastrophe habe die sündige Menschheit die Bedrohung nicht wahrhaben wollen. Einige wenige werden jedoch die Zeichen des Jüngsten Tages erkennen und ihre Erlösung erwarten, betont Luther und fährt fort:

„Ich will niemant zwingen noch dringen mir zuo glauben / ich wil mirs aber auch widerumb niemant nemen lassen / dz ich halt / der jüngstag sey nit verr / bewegen mich eben dise zaichen und wort Christi." (A3a)

Im folgenden zählt er die Aspekte des zeitgenössischen Lebens auf, die er für Vorzeichen des Jüngsten Tages hält: gesteigerte Erwerbstätigkeit und vermehrtes Streben nach Luxus, weltumspannender Handel, dazu Fortschritte in der Kunst, der Bildung und Wissenschaft. Dies alles wird Luther zum Zeichen des Jüngsten Tages, denn es zeige, daß die Sorge um die weltlichen Güter völlig überhand genommen habe. In diesem Zusammenhang erwähnt der Reformator auch „witze, vornunfft und verstand" (A3b) in der Christenheit und die neuen Erfindungen in Buchdruck und Kriegstechnik. Auch auf dem geistlichen Gebiet sei die Verirrung weit gediehen, vor allem seit der Verurteilung des Johannes Hus in Konstanz 1415. Es folgt eine vehemente Kritik am Papsttum, an Beichte, Sakramenten, Ablaß und kirchlichen Dogmen. Der katholische Klerus und mit ihm die Christenheit seien durch das Festhalten an der Scholastik[24] blind und orientierungslos geworden „biß auch der tod blind haid Aristo(teles) die Cristen leret vnd regiert mer den Cristus selbs" (A3b). Schließlich zählt Luther verschiedene moralische Verfehlungen auf, die dem Klerus anzulasten seien.[25] Emphatisch setzt er dann den Papst mit dem in der Bibel (Matth. 24,15) angekündigten Antichristen gleich und bezieht gerade hieraus die Gewißheit, daß der Jüngste Tag bald kommen werde, denn das Papsttum zeige, daß nicht Gott, sondern der Teufel angebetet werde. Die „gaistlichen papisten" (A4a) aber wiegten sich weiter in Sicherheit und vermeinten, es werde alles beim Alten bleiben.
Im nächsten Teil der Predigt kommt Luther auf außergewöhnliche Himmelszeichen und ihre Bedeutung zu sprechen. Sonnen- und Mondfinsternisse hätten immer „ayn bedeytung ains grossen Vnfals" (A4b), wie die Chroniken zeigten. Obwohl sich gerade in den vergangenen Jahren die Finsternisse gehäuft hätten, würden sie nicht als Vorzeichen beachtet. In diesem Zusammenhang weist Luther die einseitigen Theorien der Astrologen zurück:

„Darzuo haben die Sternmeister vns gesagt / als deß auch war ist / es gscheh solch ding auß natürlichem lauff des himels / vnd damit ist die verachtung gestercket / vnd die sicherhait gemert. Aber nychts dester weniger richt got also sein werck auß, ... es sey d' natürlich lauff am himel wie er wol / so seynt solche zaychen alle mal zaichen des zorns ...". (B1a)

Finsternisse und Kometen seien zwar auch natürliche Erscheinungen, doch sie nur als solche anzusehen, unterstütze ein falsches Sicherheitsgefühl, hält Luther den Astrologen entgegen, stellvertretend vor allem dem „blindelaitter" Aristoteles, „der hohen schuole narrentreiber" (B1b). Demgegenüber besteht Luther auf der Vorzeichenbedeutung der Himmelserscheinungen.

In der Erläuterung der Textstelle „Vnd auff erden getrenge der Voelcker vor bekummernus" (B1b) schwächt Luther allerdings ab: Nicht alle Menschen werden in Angst leben, sondern nur wenige und es werde „nit gar alles vorkert werden" (B1b). Den Gedanken, vor dem Jüngsten Tag werde es zu einer Verkehrung aller Verhältnisse kommen, wie ihn andere Astrologen vortrugen, unterstützt Luther also nicht. Die Angst, die die Menschen befallen werde, dürfe keineswegs auf natürliche Ursachen zurückgeführt werden, wie es die tun, die Gott weniger als den Ärzten glauben und sagen, „Complexion unnd Melancoley" seien schuld oder die „planeten im himel" (B1b). Diese Gefühle entstehen dem Reformator zufolge vielmehr aus dem schlechten Gewissen und befallen gerade vernünftige und zarte Seelen, auch die vieler Frauen. Diese suchten sich durch Gelübde, Wallfahrten, Stiftungen, Kasteiungen oder gar den Eintritt ins Kloster zu retten, doch all dies nütze gar nichts. Luthers eigene Erfahrungen schwingen bei diesem Teil seiner Predigt mit.[26]

Sich wieder Naturerscheinungen zuwendend, ordnet Luther den in der Bibelstelle genannten heftigen Wind und die rauschenden Wasser in die Skala der Vorzeichen ein und sieht eine außergewöhnliche Häufung dieser Zeichen sowie der Kreuzerscheinungen, Regenbögen, aber auch der Syphilis oder der 'Wundergeburt' aus dem Tiber (den Papstesel)[27] gerade in den letzten Jahren. Nun kommt Luther auf die Planetenkonjunktion 1524 zu sprechen. Die gesamte Schöpfung werde mit Vorzeichen den Jüngsten Tag ankündigen, auch der Himmel, führt er aus: Die Bibel spreche von der „bewegung der himlischen schar" (C1a), was hiermit gemeint sein könnte, wisse er noch nicht, gibt Luther zu, doch er vermutet:

„... es were daß die grosse constellacion der planeten die yetz eintreten wirt über zway jar / daß die planeten sind gewißlich von der himel krefften vnd scharen / wol dz fürnemest / vnd jre wunderlich versamlung ist ein groß gewiß zaychen über die welt." (C1a)

Und er fährt fort:

„Darumb ich darauff stee das der himlischen scharen be-bewegung (!) sey gewißlich die zuokünfftige constellacion d'planetten / darüber die sternmeister sagen / es sol ein sindtfluß bedeütten got geb dz der jungstag sey / welchen sy gwißlich bedeütet." (C1a)

Die Planetenkonjunktion wird Luther zum bedeutenden Vorzeichen der Endzeit; auch er - wie die Astrologen - sieht in ihr eine außergewöhnliche Erscheinung. Der Sintflutvorhersage schließt er sich jedoch nicht an - das hätte eine Anerkennung der astrologischen Begründung der Vorhersage bedeutet - er nennt sie lediglich. Für Luther ist die Sintflut nicht als begleitende Katastrophe endzeitlicher Geschehnisse

33

denkbar, dies wird am Ende seiner Predigt deutlich, wo er betont, es werde am Jüngsten Tag alles durch Feuer geschmolzen werden, wonach Himmel und Erde und die Kreatur neu erstehen werden. Dies bedeute auch, daß Himmel und Erde tatsächlich - nicht nur wesensmäßig, wie Aristoteles behaupte - untergehen werden.[28] Nach einer Erläuterung des Vorzeichencharakters von Erdbeben, Pest, Teuerung und Krieg gelangt Luther zu einem der wesentlichen Kernpunkte seiner Predigt: Die wahren Christen, wenn sie all diese Zeichen wahrnehmen, brauchen sich vor dem Jüngsten Tag nicht zu fürchten, er wird der Tag ihrer Erlösung sein, so verkünde es das Lukasevangelium. Statt also den Jüngsten Tag als den Tag des göttlichen Strafgerichts zu erwarten, könnten die wahren Christen, aber auch nur sie, ihm mit Freude begegnen, denn die wahrhaft Gläubigen, die in ihrem Leben Qualen wegen Anfechtungen und Verfolgungen leiden, werden von all dem Übel am Jüngsten Tag befreit werden. Zu verurteilen seien diejenigen, die die Menschen durch Schrecken fromm machen und zu guten Werken anhalten wollten. Für diese sei Christus nur der strenge Richter, während er für die anderen die Erlösung bedeute, zum Zeichen der Erlösung werde der Feigenbaum grün. Es sei eben ein Hinweis auf Verblendung und innere Verstocktheit, wenn die Furcht vor dem Jüngsten Tag vorherrsche, denn die wahren Gläubigen könnten sich ihrer Erlösung sicher sein. Relativierend fügt Luther jedoch hinzu, daß es besser sei, sich zu fürchten und sich an den Schöpfer zu wenden, als sich in falscher Sicherheit zu wiegen. Mit dieser Auslegung der Lukasstelle tritt Luther einer Argumentation entgegen, wie sie gerade in den astrologischen Schriften verbreitet war: Sie malt die Schrecken des Weltendes und des Gerichts aus, um die Menschen zur Besserung anzuhalten. Die wahren Christen bedürfen nach Luther derartiger Schreckensbeschwörungen nicht, was auch bedeutet, daß diese sich von den astrologischen Unglücksbotschaften nicht betroffen zu fühlen brauchen. Kraft ihres Glaubens sind sie vor den Vorhersagen der Astrologen und Propheten gefeit, müssen sich aber in gläubiger Wachsamkeit auf den Jüngsten Tag vorbereiten.

Im letzten Abschnitt gibt Luther schließlich eine allegorische Auslegung des gesamten Bibelwortes. Die Sonne sei Christus, der Mond die Kirche, die Sterne bedeuteten die Christen und der Feigenbaum die Heilige Schrift. Die Planeten aber seien die Prälaten. Diese hätten den Gottesdienst zum Götzendienst verkommen lassen, voll des „gaugkelwercks" (D2b). Die Sonne verliere ihren Schein, was heiße, daß Christus der Christenheit nicht mehr leuchte; daher gebe auch der Mond, also die Kirche, keinen Schein mehr und der Glauben verlösche. Die Finsternis in der Christenheit nehme überhand. Der Sternenfall bedeute den Abfall vor allem der Pfaffen und Mönche vom Glauben. Brausen von Wind und Wasser könnte als Uneinigkeit der am Eigennutz orientierten weltlichen Herrschaft gesehen werden. Danach kommt Luther nochmals auf die Planeten als „geystliche iunckern und tyrannen" (D3a) zu sprechen und deutet auch die Planetenkonjunktion allegorisch:

„... nun aber dz Euangelium auf bricht / vnd zayget in an jre tugent ... dz es vngelerte goetzen vnd seel verfuorer sind / wellen sy zornyg werden / bewegen sych

/ vnd machen ein constellacion tretten zuosamen / wellens mit bullenn vnd papir schützen / drewen eine grosse sindtfluß / aber es wyll vnnd wirt sy nichs helffen der tag bricht an..." (D3a)

In der allegorischen Deutung der Bibelstelle entsteht so zunächst ein negatives Zeitgemälde, das bestimmt ist durch die Verdunkelung der reinen Lehre, kirchliche Mißstände und Konflikte in der weltlichen Sphäre. Doch dann wendet sich die Sicht ins Positive: Im Zusammenhang mit der Planetenkonjunktion reflektiert Luther die Wirkung seiner Theologie. Durch sie trete das Evangelium wieder klar hervor und zeige an, daß die Führer der Kirche eigentlich Volksverführer sind. In einer Gegenreaktion versammeln sich die Entlarvten – hierfür steht die Planetenkonjunktion – und versuchen, durch Verbote und Verordnungen diese Entwicklung rückgängig zu machen. Hier spricht Luther sicherlich unter anderem die päpstliche Bulle „Exurge domini" an, die den Kirchenbann androhte. Auch die Sintflutprophetie schreibt er nun der Papstkirche zu und erteilt damit der Prognose die deutlichste Absage. Er sieht sie auf einer Ebene mit kirchlichen Verboten; sie ist Menschenwerk und dient nur dazu, vom wahren Glauben abzulenken und Irritationen zu verursachen. All diese Maßnahmen und Versuche der Papstkirche, der Reformation entgegenzutreten, hält Luther für vergeblich, bedeuten sie doch, daß die Kirchenfürsten sich dem göttlichen Heilsplan entgegenstellen wollen, in dem, dessen ist Luther sich gewiß, die Durchführung der Reformation ebenso wie das baldige Nahen des Jüngsten Tags verankert sind.

In Luthers Adventspredigt verbinden sich die Unterweisung in den Vorzeichen und der Bedeutung des Jüngsten Tages mit der Kritik an der Papstkirche, aber auch an der scholastischen Philosophie mit ihrem Bezug auf Aristoteles. Durchgängig in der Metaphorik wird die aristotelische Lehre mit dem Begriff der 'Blindheit' verbunden; wer sich an ihr orientiert, wird in die Irre geleitet. Dagegengesetzt wird das Licht des Evangeliums, das dem Gläubigen leuchtet und ihn zur Wahrheit führt. Ambivalenter dagegen erscheint Luthers Haltung zu Gelehrsamkeit und menschlicher Erfindungsgabe. Auch hier verwendet Luther noch die Lichtmetapher, was eine eher humanistische Auffassung signalisieren könnte, wertet aber gleichzeitig übergroßes Bildungsstreben als Zeichen der Verweltlichung des Lebens, da durch den Verstand allein der Mensch nicht zum Glauben finde. Die aristotelische Naturlehre verurteilt er vor allem wegen ihrer Reduktion der Himmelserscheinungen auf natürliche Ursachen, wobei er die Astrologie überhaupt mit dieser Anschauung gleichsetzt. Dadurch macht er sie zum Gegenpol einer theologisch-ethischen Erklärung der 'Zeichen' am Himmel, die die Gestirnskonstellationen, vor allem die Eklipsen oder Kometen, als Mittler des göttlichen Willens ansieht. In der eigenen Erwartung eines nahen Jüngsten Tages vermeint Luther, diese wie auch andere Erscheinungen in außergewöhnlicher Häufung wahrzunehmen und beharrt emphatisch auf ihrer Bedeutsamkeit, gleichzeitig Argumentationen ablehnend, die in beschwichtigender Absicht die Bezogenheit der Himmelserscheinung, der Planetenkonjunktion, auf den Jüngsten Tag leugnen. Mit dieser Ansicht vertritt er eine Gegenposition zu den

Titelblatt der Schrift von Heinrich Pastoris, Practica Teutsch. Zwickau 1523

Beruhigungsschriften altgläubiger Astrologen, die ja versucht hatten, die Planetenkonjunktion ihrer Besonderheit zu entkleiden. Auf der anderen Seite verurteilt er aber auch jene, die die zukünftigen Schrecken beschwören, um die Menschen zur Umkehr zu bewegen und setzt ihnen das wahre Christentum entgegen, das die Furcht des Gläubigen besiege. Im Gegensatz dazu zeichnen sich die 'Papisten' dadurch aus, daß sie sich entweder in zu großer Sicherheit wiegen, weil sie die Vorzeichen des Jüngsten Tages mißachten oder sich in übergroßer Angst vor dem Weltgericht befinden, das sie sich nur als Strafe Gottes denken können.

Die Sintflutprognose selbst unterstützt Luther nicht - der Bibel entsprechend erwartet er ein Weltende, das durch Feuer herbeigeführt wird. Mit dieser Grundannahme ebenso wie mit der Ablehnung der Verkehrung der Welt vor dem Jüngsten Tag widerspricht Luther zentralen Aussagen der Prophetien. Indem er die Prognose mit anderen Maßnahmen der Papstkirche gleichsetzt, die die Verbreitung des neuen Glaubens hindern sollen, zeigt er zudem ihre Unvereinbarkeit mit reformatorischen Ideen und kennzeichnet sie als Irrlehre der „Papisten".

Obwohl Luther die Schriften zur Sintflutdebatte nicht im einzelnen anspricht, kann seine Predigt doch einen Weg weisen, wie sich seine Anhänger zur Katastrophenprophetie stellen sollen. In diesem Sinne ist die Adventspredigt nicht nur Glaubensunterweisung, sondern auch Handlungsanweisung.

Luthers Gedanken wurden von einer Reihe von Autoren aufgegriffen, die ihrerseits dazu beitrugen, die Ansichten der Reformatoren noch weiter zu popularisieren. Pamphilius Gengenbach und Lorenz Fries lieferten sich weitere Gefechte, aber auch andere traten hinzu, wie die Theologen Heinrich Pastoris und Stefan Wacker, der Lutheranhänger Balthasar Wilhelm sowie der bedeutende Humanist Otto Brunfels. Die astrologischen Schriften wurden oft als „Praktika" bezeichet und nennen die Autoritäten der arabischen oder griechischen Astrologie und die Jahresherrscher, d.h. die dominierenden Planeteneinflüsse bereits auf dem Titelblatt. Eine „Gegenpraktik", eine Parodie der astrologischen Vorhersagen, die alle diese Bestandteile kontrafaktisch aufnimmt, veröffentlichte Heinrich Pastoris[29]. Ihr Titel lautet:

„*Practica Teütsch von vergangen/und zuekünfftigen dingen/ Auss der heyligen gschrifft gegründt und gezogen. Auf das 1524. Jar. Christus Jesus eyn Herr und Meyster diß Jar und alletzeyt Mathei am xxiiii.*" (A1a).

Sie nennt gleich im Titel die Quelle ihrer Vorhersagen: es ist die Bibel. Jahresherrscher ist Christus, und zwar für allezeit. Ihr Verfasser Pastoris, vermutlich ein Theologe, ist durch die Widmung der Schrift dem Umkreis des Grafen Albrecht VII. von Mansfeld zuzuordnen. Pastoris verbindet in seiner Praktik Astrologiekritik und reformatorisches Anliegen, indem er die Astrologen, die er „Agarener" nennt, in einem kühnen Schritt mit den „Papisten" identifiziert. Die Astrologen hätten über hunderte von Jahren die wahre Lehre verdunkelt, bis nun Gott den „auserwöleten Heliam/Martin Luther yn dieser letzten ferlichen zeyt erwecket". Der wird gegen die Antichristen zu Felde ziehen. Pastoris ruft vor allem die Obrigkeit auf, Buße zu tun, Friedrich der Weise wird ihm gar zum Friedenskaiser. Die Planetenkonjunktion aber zeuge davon, daß Gott die Christenheit zu seinem Wort rufe. Der jüngste Tag stehe bevor, daher müsse nun entschieden gegen die Antichristen d.h. gegen die Altgläubigen, gestritten werden. In der Gleichsetzung von Astrologen und Altgläubigen und dem kämpferischen Grundton weicht Pastoris durchaus von Luthers Gedanken ab, von denen er ansonsten erkennbar beeinflußt ist.

In letzter Minute (am 25.1.1524) will Stefan Wacker[30] der Sintflutprophetie entgegentreten. Schon im Titel kündigt er an, daß er mit Hilfe der Bibel die Sintflutprophetie entkräften möchte. Auch das Bibelzitat auf dem Titel unterstreicht seine Absicht: A signis coeli nolite metuere (Jer. 10,2.) heißt es dort. Wacker, vermutlich ebenfalls Theologe, sucht nachzuweisen, daß die Astrologie unchristlich und schädlich ist. Schon die Tatsache, daß es dem Menschen nicht zustehe, die Zukunft zu kennen, spreche gegen die Sterndeutung. Die große Konjunktion der Planeten habe daher überhaupt keine Bedeutung: ..."was haben wir mit der grossen Coniunction Saturni vnd Jouis zu thon / was gat mich an der Visch Bocks deuttunge..." schreibt

37

er. Sollte es tatsächlich zu einer Bewegung von Wassern und Meeren kommen, so werde dies das Zeichen der Erlösung für die Gläubigen sein. Im Vergleich zu Luthers Predigt gibt es zwar zahlreiche Gemeinsamkeiten, doch ist die Zielrichtung der Schrift anders: Während Luther die Bedeutsamkeit der Himmelszeichen betont und die Furcht vor dem Jüngsten Tag grundsätzlich für richtig hält, wenn auch durch den Glauben überwindbar, steht bei Wacker die Beruhigung der erschreckten Bevölkerung im Vordergrund. Dementsprechend fehlt bei Wacker der drängende Unterton, der die Predigt Luthers kennzeichnet - der Jüngste Tag scheint bei ihm in weiter Ferne zu liegen.

Es besteht also keine völlige Kongruenz zwischen Luthers Anliegen und den anderen evangelischen Schriften, obgleich diese sich an den paradigmatischen Äußerungen des Reformators orientieren. Beispielhaft zeigt sich hier die Schwierigkeit bei der Rezeption und Umsetzung der lutherischen Lehre in populären Drucken im Rahmen der Konstituierung eines evangelischen Bekenntnisses.

Wohl die extremste Gegenposition zu Luthers reformatorischen Anschauungen vom Primat der Bibel auch in Bezug auf die Astrologie bezieht Lorenz Fries, der in seinem 'Urteil' zur Sintflutfrage[31] seine Meinung noch schärfer akzentuiert als zuvor in der 'Schirmred'.

In der Vorrede zeigt sich erneut Fries' Empörung über die 'Gouchmatt', die offenbar 1522 nochmals in Basel aufgeführt worden war. Ihren Verfasser nennt er einen „oelschencklige hundßmuck" (A1b) und wirft ihm vor, er bereichere sich selbst an der Astrologie, kritisiere sie aber auf der anderen Seite, ohne selbst wirklich gebildet zu sein, denn er könne weder zählen noch messen.[32] Fries muß ein Druck der 'Gouchmatt' bekannt geworden sein, auf dem ein Holzschnitt zu sehen ist, den Gengenbach mehrfach verwendete:[33] Er zeigt einen auf den Hinterbeinen stehenden Esel mit recht menschlichen Zügen, der in seinen Vorderhufen eine Sphära hält. Er ist das Abbild des von Venus in einen Esel verwandelten Astrologen - Fries selbst also ist hier gemeint. Entsprechend wütend reagiert Fries. Er frage sich, was dieser Esel bedeuten solle, vielleicht, daß Gengenbach sich auf die Astrologie verstehe wie ein Esel aufs Saitenspiel: „Hastu lust so mach mir mer teütscher carmina / du teütscher wurst buob!" (A2a) ruft Fries seinem Widersacher erbost zu. Gleichzeitig liefert Fries seinem Kritiker erneut Munition, denn er beklagt sich über die unwissenden „warsager" (A2a) und die Panik, die sie durch die Sintflutprognose hervorgerufen hätten, will aber selbst zur Widerlegung der Prophetie nur das heranziehen, was

„die Astronomy vnd natürlichen philosophy zuo samen fuegend / in welchen beiden die göttlich warheit stet. Hierumb will ich nichts schriben von der boßheyt der welt / nichts von dem regenbogen / nichts auß der Bibly Sonders myne propheten sollen keine andern sein dann Ptolemeus / Albumazar vnd Aristoteles." (A2a/b)

Über den Regenbogen habe Aristoteles ebenso Wichtiges geschrieben wie Mose, ergänzt er.[34] Mit dieser provokanten Bevorzugung der Naturphilosophie vor der Heiligen Schrift, der Behauptung, Astronomie und Astrologie entsprächen der göttlichen

Wahrheit und der Ersetzung der biblischen Propheten durch die Autoritäten der griechischen und arabischen Naturlehre verstößt Fries gegen jede Absicherungsrhetorik der Praktikenschreiber. Schon die Gleichsetzung des Wahrheitsgehalts von biblischer Offenbarung und astrologischen Theoremen hätte Fries angreifbar gemacht, um wieviel mehr muß dies jetzt gelten, wo Fries die Bibel sogar hintanstellt! Ungewöhnlich ist auch seine Definition vom Einfluß der Planeten. Seine Schrift beginnt mit den Worten:

„*Lob vnd ere sey dem obersten guot / dem ewigen vnüberwintlichen herren aller ding / welcher alle ding auff diser zergengklichen erden / gebürt / enthaltet vnd zerstoert durch die bewegung vnd das liecht der hymelschen cörper....*" (A1b)

Der Autor besteht darauf, daß Gott nur über die Gestirne und deren Wirken Einfluß auf die Geschicke auf Erden nimmt; bei Fries erscheint nicht der Gedanke, daß Gott sich nach seinem Willen über die Gestirne hinwegsetzen kann. Außerdem bedeutet diese Formulierung, daß Fries die göttlichen Offenbarungen, die den Propheten zuteil wurden, leugnet, denn die Offenbarung wurde als unmittelbares, nicht durch die Gestirne vermitteltes Eingreifen Gottes in die Geschicke der Menschen gesehen. Gegen das 'Urteil' des Astrologen verfaßte Pamphilius Gengenbach „Ein Christliche und ware Practica",[35] ihr Titel gibt an, sie sei „wider ein vnchristenliche gotzlesterige vnware practica" gerichtet,

„*Welche ein Bomolochischer staernensäher hat lassen vßgon vff dz. M.CCCCC.xxiiij jar. In der / er nit allein die menschen / sunder auch Gott / sine Propheten vnd die helge geschryfft gelestert vnd geschmaecht hat.*" (A1a)

Schon der Titel formuliert den Hauptvorwurf Gengenbachs gegen Fries, nämlich den der Gotteslästerung und des Verstoßes gegen die Heilige Schrift.[36] Wie nicht anders zu erwarten, knüpft Gengenbach diesen Vorwurf an die Weigerung des Astrologen, sich auf die Worte der Bibel zu beziehen. Blasphemisch sei auch die Äußerung Fries', die Naturlehre und mit ihr die Astrologie vermittele die göttliche Wahrheit. Stattdessen warnt Gengenbach, die Philosophie, die er auch „kriechische hoffart" (A4b) nennt, könne mehr schaden als nützen; jeder solle sehen,

„*das euch niemandt betrieg oder verfuer durch die Philosophy ... Das vnß die Astrology vnd philosophy me fueren inn ein irrung dann zuo dem heyl der selen.*" (A4b)

Dann kommt er auf die Planetenkonjunktion im Jahre 1524 zu sprechen:

„*Dar by mag man wol abnemen / das dyse zuosamenfuegungen / nit stond inn der anzeygung deß gestirns sunder inn der gewalt gottes / welcher allein das gantz firmament richt nach den sünden vnn der buoß.*" (A1b)

Gott hat also angesichts der Sünde der Menschen die Sterne zu einer Konjunktion bewegt, nur ihm gehorchen sie damit, versichert Gengenbach, dem daran gelegen ist, gegen Fries die völlige Abhängigkeit der Natur vom göttlichen Willen zu bekräftigen. Dabei ist Gengenbach von den schrecklichen Wirkungen der Planetenkon-

junktion überzeugt und differenziert zwischen gottesfürchtigen und Gott lästernden Astrologen.
An Fries aber ist der Vorwurf gerichtet, mit seiner Vorhersage wiege er die Menschen zu sehr in Sicherheit, da er die Wirkung der Konjunktionen unterschätze: „Waerest du ein raechter staernesaeher / so ermantest du das volck zuo eir (!) waren penitentz / welche ein rechte hinderstellerinn ist deß zorn gottes." (B2b) Nicht Beschwichtigung, sondern der Aufruf zur Buße kann nach Meinung des Basler Dichters die richtige Strategie in der Behandlung der Sintflutfrage sein, wobei er nicht hinzuzufügen vergißt, daß nur Gott allein genau wisse, was die Konstellation bringe.[37] Seinen Kontrahenten bezeichnet Gengenbach als einen Narren, der voller Hochmut, dabei aber selbst ungelehrt sei, was Gengenbach ihm anhand eines Fehlerkatalogs nachzuweisen sucht.[38] Schon hier zeigen sich Gengenbachs fundierte Kenntnisse der Astrologie. Auch mit seinen eigenen Neigungen scheint sich der Autor daher auseinanderzusetzen, wenn er im folgenden die Überlegenheit der biblischen Prophetie über die heidnische Astrologie behauptet. Als Beweis führt er an, daß sich die Lehrer der Astrologie häufig widersprächen, was die gesamte 'Kunst' unglaubwürdig mache.[39]
In Gengenbachs Argumentation gegen die Astrologie finden sich Übereinstimmungen mit den von Luther vertretenen Anschauungen. So möchte er die Planetenkonjunktion als Zeichen der Strafe Gottes ernstgenommen sehen und lehnt Beschwichtigungen ab, weil sie zur Sorglosigkeit verführen könnten. Stattdessen wird ihm die Konstellation zur Mahnung, Buße zu tun. Vom Jüngsten Tag spricht Gengenbach jedoch an keiner Stelle; ein eschatologisches Moment fehlt in seiner Schrift.
Wie Luther behauptet auch Gengenbach die Unvereinbarkeit der Astrologie mit den Lehren der Bibel und setzt der Finsternis das Licht Christi entgegen. Ebenso taucht bei Gengenbach die Kritik an der Philosophie, allerdings undifferenzierter, auf und schließlich die Ablehnung der judiziarischen und medizinischen Astrologie.
Gengenbachs Schrift zeichnet sich gleichwohl durch eine ambivalente Haltung zur Astrologie aus. Wägt er noch zu Beginn zwischen gottesfürchtigen Astrologen und ihren 'ketzerischen' Kollegen ab und setzt sich eingehender mit der Sintflutprophetie auseinander, so gelangt er zum Ende seiner Schrift zu einer völligen Ablehnung der Astrologie. Dieser Bruch macht deutlich, daß Gengenbach sich selbst noch nicht vollends über die Rolle der Astrologie klar geworden ist. Er hat sie selbst praktiziert und vermag sie daher nicht gänzlich mit Distanz zu sehen.
Gengenbachs 'Christliche Praktika', als Gegenentwurf zu einer astrologischen Praktik gedacht, zeigt so die reformatorische Gesinnung, aber auch den Prozeß der geistigen Umorientierung des Basler Dichters im Spannungsfeld von humanistischer Wissenschaft und evangelischem Glauben.
Auch nach 1524, als die Sintflutprophetie sich nicht bewahrheitet hatte, finden sich weitere evangelische Gegenpraktiken. Ein bekannter Autor dieses Genres ist Otto Brunfels[40], der zunächst Mönch in Straßburg, dann Anhänger Luthers, dann Zwinglis und schließlich der Wiedertäufer und der Spiritualisten wurde. Er arbeitete schließlich als Mediziner und war seit 1532 Stadtarzt von Bern.

Titelblatt der Schrift von Stefan Wacker, Daß kein Sündfluß wird... o.O. 1524

In seiner „Christlichen Praktika" von 1525 kennzeichnet er die Astrologie als heidnische Lehre und setzt ihr das Evangelium entgegen. In allen Einzelheiten werden die sonst in den astrologischen Praktiken üblichen Vorhersagen über Wetter, Ernte, Krankheiten, Krieg und Herrschaft biblisch gewendet. Denen, die sich zum Evangelium bekennen, prophezeit Brunfels Verfolgung und Not, doch die Fürstentümer der „Guten" werden sie schützen. Die Mönche und Pfaffen seien Unkraut, das man ausreißen müsse, heißt es in der Schrift, die eschatologische Züge gewinnt. Doch die Bauern ermahnt Brunfels eindringlich, Ruhe zu halten, nah ist noch die traumatische Erfahrung des Bauernkriegs. Von den Lutheranern ist Brunfels inzwischen weit entfernt, wenn er zum Schluß den Gedanken einer spirituellen Kirche entwickelt.
Eine weitere Gegenpraktik stammt schließlich von Balthasar Wilhelm[41], einem Lutheranhänger, der den Reformator bei dessen Aufenthalt in Schmalkalden beherbergte. Wilhelm kann auf die Sintflutprophetie zurückschauen und sieht sie im Nachhinein als Vorhersage der „Gottlosen Haufen, die die Gläubigen überschwemmt haben", auf die Bauern oder die Türken anspielend. Statt Planetenkonjunktionen

auszulegen, gibt Wilhelm „Konjunktionen" des biblischen Worts an und deutet sie. Im wesentlichen grenzt er sich gegen die neuentstandenen Sekten, aber auch gegen die Altgläubigen ab. Schließlich habe auch die Obrigkeit versagt und einzelne Reformationsanhänger seien viel zu kompromißbereit, kritisiert er. Für ihn ist klar, daß der Jüngste Tag vor der Tür stehe. Eschatologische Erwartung und mutiges Eintreten für das Evangelium können nach Wilhelm allein die Rettung sein.

Die kontrafaktische Parodie, die sich auch noch in zwei anonym erschienenen Drucken nachweisen läßt, bezeugt gerade in ihren Beispielen nach 1524 die neuen Konflikte, die innerhalb des reformatorischen Lagers entstanden sind. Sie sind daher wichtige Zeitzeugen für ein sich ausdifferenzierendes Verständnis von Reformation. Allen Schriften ist gemeinsam, daß sie das populäre Medium der astrologischen Praktik umfunktionalisieren und für eigene Absichten nutzen. Nach 1524 stehen dabei Kommentare zur Tagespolitik und zur Lage der Reformation im Vordergrund, nicht mehr die vehemente Ablehnung der Astrologie. Wichtig aber ist: Während nach 1524 die apokalyptische Erwartung aus den Schriften der Astrologen wieder verschwindet, bestimmt sie weiterhin das Fühlen und Denken der evangelischen Theologen.

Luther und anderen evangelisch gesinnten Autoren war die Planetenkonjunktion zum Vorzeichen des Jüngsten Tages geworden, doch einer genauen Festlegung des Weltendes hätten sie nicht zugestimmt, heißt es doch in der Bibel, daß der Mensch nicht genau weiß, wann das Reich Christi anbrechen werde. Lediglich bereitmachen müsse man sich in täglicher Glaubenspraxis.

Anders sah dies ein Mann, der zeitweise zum engen Umkreis Luthers gehörte: Der Mathematiker Michael Stifel[42] meinte, das Weltende durch exakte Berechnungen genau bestimmen zu können und geriet damit mehr als einmal mit Luther und mit der Obrigkeit in Konflikt.

1487 in Esslingen geboren, war Stifel 1511 in das Augustinerkloster seiner Heimatstadt eingetreten. Etwa zehn Jahre später überzeugten ihn gleich die ersten Schriften Luthers, daß das Klosterleben keine gottgefällige Lebensweise sei. Den Bruch mit der Papstkirche bewirkten dann einerseits eine Krankheit und die damit verbundene Todesangst, andererseits eine intensive Auseinandersetzung mit der Offenbarung des Johannes. Die endgültige Entscheidung für die Reformation fiel durch eine Stelle in Offb. 13, in der es um die beiden Tiere mit den zehn und den zwei Hörnern geht. Dort heißt es: „Wer Verstand hat, berechne den Zahlenwert des Tieres. Denn es ist die Zahl eines Menschennamens, seine Zahl ist 666." Diese Stelle wird zum Programm des weiteren Lebenswegs Stifels. Als er durch diverse Berechnungen aus dem Namen Leo X. die Zahl 666 erhält, fühlt er sich zutiefst gestärkt in der Gewißheit des nahen Jüngsten Tags. Nach dem Verlassen des Klosters nimmt Stifel in Predigten, Liedern und Kampfschriften öffentlich Partei für die Reformation. 1522 erreicht er nach kurzem Aufenthalt bei Hartmut von Kronberg Wittenberg. Auf Empfehlung Luthers erhält er die Stelle eines Hofpredigers beim Grafen Albrecht von Mansfeld. Daran schließt sich eine dreijährige Predigttätigkeit bei der Adligen Dorothea Jörger in Tolleth (Oberösterreich) an, doch die dortige Verfolgung der

Lutheraner zwingt ihn zur Rückkehr nach Wittenberg. Er wohnt bei Luther und stellt eine Sammlung früher Reformationsschriften zusammen. Luther setzt sich für eine Vergabe der Pfarrei in Lochau (heute Annaberg) an Stifel ein. Offenbar wird Stifel von seiner Gemeinde hoch geachtet; eine Kirchenvisitation spendet hohes Lob, seine Lebensverhältnisse stabilisieren sich durch die Heirat der Witwe seines Vorgängers.

Dennoch läßt er nicht von seinen apokalyptisch motivierten Berechnungen. Mit Luther gab es ein erstes Zerwürfnis, als dieser es ablehnte, für Stifels „Rechenbüchlein vom Endtchrist" ein Vorwort zu schreiben. Stifels Wortrechnungen basieren auf dem Ersetzen der Buchstaben durch Zahlen und deren Addition, ein ursprünglich kabbalistisches Verfahren. Er entwickelte das sogenannte „kleine Alphabet" mit der Zuordnung der Zahlen 1-23 zum lateinischen Alphabet sowie mithilfe der Triangularzahlen das „Große Alphabet". Die Summe des Großen Alphabets ergab die bei Daniel genannte Zahl 2300, eine Bestätigung für Stifel. (Id Bestia Leo nach Großem Alphabet 666). Auch andere geheimnisvolle Zahlen der Bibel ließen sich, so meinte Stifel, so auflösen. Immer mehr wird Stifel nun von dem Bestreben getrieben, eine genaue Datierung des Jüngsten Tags zu erhalten, da er fürchtet, für ihn nicht richtig gerüstet zu sein. Er sah sich als Siebte Posaune Gottes, dazu auserwählt, den Menschen den Jüngsten Tag zu verkünden. Unklar bleibt, wie genau Stifel auf das Datum verfallen ist; jedenfalls gibt er den 19. Oktober 1533 um 8 Uhr früh als Zeit des Jüngsten Gerichts an.

Der Kurfürst reagiert scharf: Stifel solle seine Berechnungen nicht mehr öffentlich verkünden. Nur Luthers Fürsprache verhindert Stifels Gefangensetzung. Trotz aller Vorsichtsmaßnahmen sickert die Prophezeiung durch: von überall her strömen Gläubige nach Lochau, wo Stifel predigt und ihnen die Beichte abnimmt. Er sucht die Ängstlichen zu beruhigen, indem er verkündet, für die Gläubigen habe der Jüngste Tag keine Schrecken. Als der 19. Oktober ohne Weltende verstreicht, wird Stifel sogleich gefangengenommen und seines Amtes entsetzt. Stifel befindet sich in einem jämmerlichen Zustand, bereut heftig seine Prophetie. Durch Luthers Fürsprache kommt Stifel frei und wohnt wieder beim Reformator. Dem Depressiven helfen Luther und die Wittenberger Freunde, so daß er ein Jahr später eine Pfarrei in Holzdorf erhalten kann. Das Studium der Mathematik in Wittenberg und wichtige Publikationen zur Arithmetik beschäftigen ihn in der Folgezeit, die ihn zum bedeutenden Mathematiker seiner Zeit machen. Doch ganz kommt er nicht zur Ruhe: 1547 muß er infolge des Schmalkaldischen Kriegs fliehen: Er wird Pastor in Haberstrohm bei Königsberg, lehrt Mathematik an der dortigen Universität. Ein Streit mit Osianderanhängern veranlaßt ihn, eine Pfarrei in Brück im albertinischen Kursachsen anzunehmen. An der Universität Jena schließlich lehrte er noch hoch betagt Arithmetik. Kurz vor seinem Tod 1567 kommt er dann doch noch einmal auf die Wortrechnungen zurück. So ist er einer der konsequentesten und hartnäckigsten Apokalyptiker der Reformationszeit.

Doch auch die nachreformatorische Zeit lebte in der Naherwartung des Jüngsten Tags. Die Bedeutung der Apokalyptik wurde noch jüngst in der Forschung auch für die lutherische Flugschriftenpublizistik bis 1618 festgestellt.[43] Die apokalyptische Naherwartung bleibt demnach bis ins 17. Jahrhundert für das Luthertum konstitutiv, wobei weiterhin die feste Überzeugung, daß der Papst der Antichrist sei, für diese Grundhaltung bestimmend ist. Immer noch ist dabei der Lukastext, der schon für Luther ausschlaggebend war, die biblische Referenz - Zeichen einer Argumentationskontinuität, die die Bedeutung der hier vorgestellten Schriften zur Sintflutdebatte verdeutlicht. Erst durch die Verknüpfung von Sintflutprognose und reformatorischem Geschehen erhalten diese Flugschriften ihren historischen Stellenwert. Und: Sie alle spiegeln Angst und Zuversicht in der Zeitenwende.

Anmerkungen

[1] Der Vortrag basiert auf meiner Dissertation. Heike Talkenberger: Sintflut. Prophetie und Zeitgeschehen in Texten und Holzschnitten astrologischer Flugschriften 1488-1528. Tübingen 1990 (Studien und Texte zur Sozialgeschichte der Literatur, 26).

[2] Siehe dazu Überblicksdarstellungen zum 16. Jahrhundert: Alfred Kohler: Das Reich im Kampf um die Hegemonie in Europa 1521-1648. München 1990; Winfried Schulze: Deutsche Geschichte im 16. Jahrhundert. 1500-1618. Frankfurt/Main 1987. Zur Reformation siehe: Rainer Wohlfeil: Einführung in die Geschichte der deutschen Reformation. München 1982; Hans-Jürgen Goertz: Pfaffenhaß und groß' Geschrei. Die reformatorischen Bewegungen 1517-1529. München 1982.

[3] Vgl. zum Beispiel das Flugblatt von Pamphilius Gengenbach an „Küng Karle" (Basel 1520). Dazu Talkenberger, Sintflut, S. 175-177.

[4] Unter einer Planetenkonjunktion versteht man das - von der Erde aus betrachtete - scheinbare Zusammentreffen zweier oder mehrerer Planeten in einem Tierkreiszeichen. Vgl. Franz Boll, Carl Bezold, Wilhelm Gundel: Sternglaube und Sterndeutung. Die Geschichte und das Wesen der Astrologie. 6. Aufl. Darmstadt 1974; Gustav Hellmann: Aus der Blütezeit der Astrometeorologie. J. Stöfflers Prognose für das Jahr 1524. In. ders.: Beiträge zur Geschichte der Meteorologie. Bd. 1, Nr. 1. Berlin 1914 (Veröffentlichungen des königlich-preußischen Meteorologischen Instituts 273), S. 3-102; S. 5-24. Zur Sintflutprognose speziell: Paola Zambelli (Hrsg.): „Astrologi hallucinati". Stars and the End of the World in Luther's Time. Berlin, New York 1986; dies.: Fine del mondo o inizio della propaganda? In: dies.(Hrsg.): Scienze, credenze occulte, livelli di cultura. Firenze 1982, S. 291-368.

[5] Vgl.: Edward S. Kennedy, David Pingree: The Astrological History of Masha'allah. Cambridge, Mass. 1971.

[6] Vgl. dazu Talkenberger, Sintflut, S. 277-282.

[7] Zu Melanchthon siehe: Wilhelm Maurer: Der junge Melanchthon. 2 Bde., Göttingen 1967; Stefano Caroti: Melanchthon's Astrology. In: Zambelli, Astrologi, S. 109-121.

[8] Zur lateinischen Fassung vgl.Benzing, Nr. 192-196, zur deutschen Übersetzung von Sebastian Münster Benzing Nr. 197-201. In: Josef Benzing, Lutherbibliographie. Verzeichnis der gedruckten Schriften Martin Luthers bis zu dessen Tod. Bearb. in Verb. mit der Weimarer Ausgabe unter Mitarb. v. Helmut Claus. Baden-Baden 1965 (Bibliotheca bibliographica Aureliana 10, 16, 19). Die lateinische Fassung ist abgedruckt in WA (Weimarer Ausgabe der Werke Luthers), Bd. 1, S. 398-521; vgl. zum 1. Gebot, S. 398-430. Zur Kurzfassung vgl. Benzing Nr. 115-124. Die Kurzform der Gebotsauslegung wurde auch mit zwei anderen Stücken zusammen gedruckt, einem über den Glauben und einem über das Vaterunser. In dieser Form, die 1520 als Druck erschien, ist die kurze Gebotsauslegung abgedruckt in WA, Bd. 7, S. 204-214.

⁹ Wörtlich lautet Luthers Bestimmung der Übertretung des 1. Gebots in der Kurzfassung: „Widder das Erst. Wer yn seyner widderwertickeit zeuberey, schwartzkunst, teufels bund gnoßen sucht. Wer brieff, zeychen, kreuter, worter, segen und des gleychen gebraucht. Wer wunschruten, schatzbeschwerungen, cristallen sehen, mantell faren, milchstelen ubet. Wer seyn werck und leben nach erwelten tagen, hymels zeychen unnd der weyßsagern duncken richtet. Wer sich selb, seyn vich, hauß, kinder und allerley gut vor wulffen, eysen, fewer, wasser, schaden mit ertichten gebeeten segenet und beschweert." Zit. nach WA, Bd. 7, S. 207.

¹⁰ Vgl. Martin Luther: Decem praecepta Wittenbergensi praedicata populo. Wittenberg, J. Rhau-Grunenberg 1518. Nach WA, Bd. 1, S. 422f.

¹¹ Zu den 'Ägyptischen Tagen' s. den Art. von Jungbauer in: Bächtold-Stäubli, Hanns/Hoffmann-Kreyer, Eduard: Handwörterbuch des deutschen Aberglaubens, 10 Bde., ND Berlin/New York 1986, Bd. 1, Sp. 223-226. Es handelt sich um eine Tagesfestlegung aus römischer Zeit; die entsprechenden Tage galten als Unglückstage.

¹² Vgl. dazu Keith Thomas: Religion and the Decline of Magic. Studies in popular beliefs in 16th and 17th century England. London 1971.

¹³ Zu Fries siehe: Ernest Wickersheimer: Art. „Fries, Lorenz". In: NDB, Bd. 5, S. 609f.; Art. „Laurent Fries". In: Edouard Sitzmann (Hrsg.): Dictionnaire de Biographie des Hommes célèbre de L'alsace depuis les Temps les plus récules jusqu'au nos jours. Bd. 1. ND der Ausgabe Paris 1909. Paris 1973, S. 533f. Fries, Schirmred, Straßburg 1520.

¹⁴ Vgl. Fries, Schirmred, Straßburg 1520 (B4b).

¹⁵ Pamphilius Gengenbach: Die Gouchmatt. Basel, P. Gengenbach o.J. Abgedruckt bei Gengenbach, Werke, hrsg. v. Karl Goedecke, ND Amsterdam 1966, S. 117-152. Kommentar S. 615-617. Zu Gengenbach siehe weiterhin: Karl Bartsch: Art. „Gengenbach". In: ADB, Bd. 8, S. 567f.; Heinrich Grimm: Art. „Gengenbach". In: NDB, Bd. 6, S. 187f.; Rudolf Raillard: Pamphilius Gengenbach und die Reformation, Diss. Phil. Zürich 1936.

¹⁶ „Ich gloub worlich du seist der frieß / Der so vyl leüt thuot widerdrieß." Zit. nach Gengenbach, Werke, S. 139, Zeile 837f.

¹⁷ Zit. nach Gengenbach, Werke, S. 138, Zeile 794.

¹⁸ Zit. nach Gengenbach, Werke, S. 138, Zeile 811.

¹⁹ Zit. nach Gengenbach, Werke, S. 138, Zeile 815; 819.

²⁰ Vgl. Gengenbach, Werke, S. 141, Zeile 901-905.

²¹ Vgl. Gengenbach, Werke, S. 141, Zeile 930-939. Zur 'Gouchmatt' vgl. auch Günter Hess: Deutsch-lateinische Narrenzunft. Studien zum Verhältnis von Volkssprache und Latinität in der satirischen Literatur des 16. Jahrhunderts. München 1971 (Münchener Texte und Untersuchungen zur deutschen Literatur des Mittelalters 41), S. 294; S. 299.

²² Vgl. WA, Briefe Bd. 2. Nr. 367, S. 247f. „Tu vale, et ora pro verbo, videns rem tumultuosissimo tumultu tumultuantem; forte haec est inundatio illa praedicta anno 24. futura."

²³ Vgl. Benzing, Lutherbibliographie, S. 232f., Nr. 1990-1992. Vgl. auch Helmut Claus, Michael A. Pegg: Ergänzungen zur Bibliographie der zeitgenössischen Lutherdrucke. Im Anschluß an Benzing. Gotha 1982 (Veröffentlichungen der Forschungsbibliothek Gotha 20).

²⁴ Zu Luthers Verhältnis zur Scholastik s. z.B. Martin Brecht: Martin Luther. Bd. 1: Sein Weg zur Reformation 1483-1521. 2. Aufl., Stuttgart 1983, S. 160-172. Zur allgemeinen Orientierung Gerhard Ebeling: Art. 'Luther, Martin' Theologie. In: RGG, Bd. 4, Sp. 495-520; bes. Sp. 501-504.

²⁵ „Ich schweig auch hie / der groben sünde / als vnkeüschaitt / Mord / vntrew / geitz vß dergleichen / daß da ist kain scham noch forcht meer / vnd geet im höchsten." Luther, Eine christliche Beweisung, (Augsburg, Ramminger 1522) (A3b) (Benzing 1489). Nach dieser Ausgabe erfolgten die Zitate im Text.

[26] Neben der schon genannten Biographie von Martin Brecht über Luther, von der inzwischen zwei weitere Bände erschienen sind (Bd. 2: Ordnung und Abgrenzung der Reformation 1521-1532. Stuttgart 1986; Bd. 3: Die Erhaltung der Kirche. Stuttgart 1987) seien hier einige neuere Biographien genannt: Heiko A. Oberman: Luther. Mensch zwischen Gott und Teufel. Berlin 1982; Gerhard Brendler: Martin Luther. Theologie und Revolution. Eine marxistische Darstellung. Köln 1983; Bernhard Lohse: Martin Luther. Eine Einführung in sein Leben und sein Werk. 2. Aufl., München 1982; Hans Mayer: Martin Luther. Leben und Glaube. Gütersloh 1982. Daneben s. zur älteren Literatur Art. 'Luther'. In: RGG, Bd. 4, Sp. 494f mit Literatur zum Leben Luthers und Sp. 516-520 zu seiner Theologie. Vgl. Luther, Eine christliche Beweisung, Augsburg 1522 (B3a).

[27] Vgl. Luther, Eine Christliche Beweisung (Augsburg, Ramminger 1522) (B3a). Vgl. hierzu Philip Melanchthon, Martin Luther: Deutung der zwo greulichen Figuren Papstesels zu Rom und Mönchkalbs zu Freiberg in Meißen funde. o.O.o.D. 1523 (Weller 2511) (Wittenberg, J. Rhau-Grünenberg). Angabe nach Short-Title-Catalogue of Books printed in the German-speaking countries and German books printed in other countries from 1455 to 1600 now in the British Museum. London 1962, S. 611. Der Katalog verzeichnet vier Ausgaben.

[28] Vgl. Luther, Eine christliche Beweisung, (Augsburg, Ramminger 1522) (D2a).

[29] Zu Heinrich Pastoris siehe: Helga Robinson-Hammerstein: The Battle of the Booklets: Prognostic Tradition and Proclamation of the Word in early sixteenth-century Germany. In: Zambelli, Astrologi, S. 129-151.

[30] Zu Stefan Wacker siehe Robinson-Hammerstein, Battle und Carlo Ginzburg: Il Nicodemismo. Simulazione e dissimulazione religiosa nell' Europa dell' 500. Torino 1970.

[31] Zum folgenden Ernest Wickersheimer: Art. „Fries, Lorenz". In: NDB, BD. 5, S. 609f; Charles Schmidt: Laurent Fries de Colmar. Médecin, astrologue, géographe à Strasbourg et à Metz. In: Annales de l'est 4 (1890), S. 523-575.

[32] Vgl. Fries, Urteil, (Straßburg 1523).

[33] Vgl. dazu Hieronymus, Frank: Oberrheinische Buchillustration, Bd. 2, Basel 1984, S. 336-338, Nr. 325. Hieronymus beschreibt hier die Bilder der 'Gouchmatt', unter denen sich auch der Esel befindet und geht auf den Streit zwischen Gengenbach und Fries kurz ein.

[34] Vgl. Fries, Urteil, (Straßburg 1523) (A2b).

[35] (Gengenbach), Practica, (Basel 1523).

[36] 'Bomolochisch' erklärt Hellmann als aus dem Griechischen abgeleitet mit der Bedeutung „Lumpengesindel". Vgl. Hellmann, Aus der Blütezeit der Astrometeorologie. S. 35.

[37] Vgl. (Gengenbach), Practica, (Basel 1523) (A1b).

[38] Vgl. (Gengenbach), Practica, (Basel 1523) (A3a).

[39] Vgl. (Gengenbach), Practica (Basel 1523) (A4a).

[40] Zu Brunfels siehe: Heinrich Grimm: Art. „Brunfels, Otto".In: NDB, Bd. 2, S. 677f; Erich Sanwald: Otto Brunfels 1488-1534. Ein Beitrag zur Geschichte des Humanismus und der Reformation. Diss München 1932; Ginzburg, Nicodemismo.

[41] Zu Wilhelm siehe: Carl Knetsch: Baltzer Wilhelm und die Anfänge der Reformation in Schmalkalden. In: Zeitschrift des Vereins für Hennebergische Geschichte und Landeskunde in Schmalkalden 18 (1923), S. 25-32; Ginzburg, Nicodemismo.

[42] Zu Stifel siehe: Art. „Stifel, Michael". In: Charles C. Gillispie (Hrsg.): Dictionary of Scientific Biography, New York 1970, S. 58-61; Hans-Ulrich Hofmann: Luther und die Johannes-Apokalypse. Tübingen 1982; Gerhard Maier: Die Johannesoffenbarung und die Kirche, Tübingen 1981.

[43] Vgl. Volker Leppin: Antichrist und Jüngster Tag. Das Profil apokalyptischer Flugschriftenpublizistik im deutschen Luthertum 1548-1618. Gütersloh 1999 (Quellen und Forschungen zur Reformationsgeschichte 69).

Bildnachweis:

- Titelblatt der Schrift von Leonhard Reynmann, Practica.
  Nürnberg, Hieronymus Höltzel 1523.
  Ex.: BSB München Rar 4096/10.

- Titelblatt der Schrift von Pamphilius Gengenbach, Eine christliche und wahre Practica.
  (Basel, P. Gengenbach 1523)
  BSB München Res 4 Astr. P. 90h/9

- Titelblatt der Schrift von Heinrich Pastoris, Practica Teutsch.
  (Zwickau, Jörg Gastl 1523).
  Köhler, Flugschriftensammlung, Nr. 2082.

- Titelblatt der Schrift von Stefan Wacker, Daß kein Sündfluß wird ...
  (o.O. 1524)
  Köhler, Flugschriftensammlung, Nr. 1620.

- (Hgg.)
  Hans-Joachim Köhler, Hildegard Hebenstreit-Wilfert, Christoph Weismann;
  Flugschriften des 16. Jahrhunderts. Teil 1 -
  Flugschriften des frühen 16. Jahrhunderts (1501-1530)
  Zug/Schweiz bzw. Leiden/NL 1978 H.

„Da wird man hören klingen die rechten Saitenspiel..."

Über den Trost der Musik in dieser bösen Zeit

Eberhard Schmidt

Was sagen uns Martin Luther und seine Mitarbeiter über die Musik? Ich beginne mit einem Blick auf Luthers Ausbildungsweg.

In den Jahren 1501 bis 1504 - also vor seiner Klosterzeit und vor seinem Theologiestudium - absolviert Luther an der Universität in Erfurt das akademische Grundstudium an der artistischen Fakultät, das Studium der septem artes liberales, der sieben freien Künste, bestehend aus vier naturwissenschaftlichen und drei geisteswissenschaftlichen Fächern. [1] Die vier naturwissenschaftlichen Fächer sind: Arithmetica, Geometria, Astronomia, Musica.

Er beendet dieses Grundstudium, in dem die Musica einen wichtigen Platz einnimmt, mit der Abschlußprüfung als magister artium. Luther war also von seiner Ausbildung her - auch - akademisch gebildeter Musiker.

Der Drucker Georg Rhau hatte für einen Sammeldruck von lateinischen Motetten - die Symphoniae jucundae 1538 - Martin Luther um ein Vorwort gebeten. Luther beginnt dieses lateinische Vorwort mit dem Praescript „Martinus Luther musicae studiosis" [2].

Der Lehrplan für das Fach „Musica" an den Universitäten orientierte sich an der „Institutio musica" des Anicius Boethius um 500 [3]. Der Pariser Gelehrte Johannes de Muris hatte 1323 eine aktualisierte Kurzfassung der Musiktheorie des Boethius erstellt, die 1496 in Leipzig im Druck erschien, die „Musica speculativa secundum Boethium abbreviata". Ebenfalls haben die Gelehrten Gerson (1363-1429) und Tinctoris (1435-1511) [4] das Musikverständnis von Boethius tradiert. Martin Luther hat mit großer Wahrscheinlichkeit eins ihrer Bücher in der Hand gehabt.

Für die mittelalterliche Musiktheorie nach Boethius gibt es drei Formen der Musik:
* Die musica mundana: die Sphärenharmonie, die mathematische Ordnung der Planetenbahnen
* Die musica humana: die wunderbare Teilung des menschlichen Körpers nach dem goldenen Schnitt, aber auch das medizinisch relevante Verhältnis der Körpersäfte
* Die musica instrumentalis: die Musik, die das menschliche Ohr erreicht.

Im späten Mittelalter gibt es dann auch die einfachere Unterteilung in „musica theorica" und „musica practica", wobei die musica practica auf Grund der Fortschritte der Kompositionstechnik laufend an Bedeutung gewinnt. Sie wird wiederum unterteilt in „musica naturalis" und „musica artificialis". Diese Unterteilung finden wir auch in der schon erwähnten Vorrede Luthers zu den Symphoniae jucundae.

Nun ist Luthers Ausbildung nicht nur eine musiktheoretische Bildung. Er hat von Jugend auf als Kurrendesänger in Magdeburg und Eisenach ein- und mehrstimmig gesungen, dabei Fähigkeiten im Vom-Blatt-singen erworben und sich Kenntnisse in der Musikliteratur seiner Zeit angeeignet. In den „Verba Des alten Johann Walthers", die uns Michael Prätorius in seinem großen musiktheoretischen Werk „Syntagma musicum" überliefert hat, sagt Walther: „so weis und zeuge ich wahrhafftig / daß der heilige Mann Gottes Lutherus, welcher deutscher Nation Prophet und Apostel gewest / zu der Musica im Choral und Figural Gesange große lust hatte / mit welchem ich gar manche liebe Stunde gesungen / und offt mahls gesehen / wie der thewre Mann vom singen so lustig und fröhlich im Geist ward / daß er des singens nicht köndte müde und satt werden / und von der Musica so herrlich zu reden wuste." [5]

Eine ganz ähnliche Ausbildung hat der 13 Jahre jüngere Musicus Johann Walter (1496-1570) aus Kahla in Thüringen. Auch er war frühzeitig Chorsänger, u. a. in der kurfürstlichen Hofkantorei Friedrich des Weisen. Er studierte an der artistischen Fakultät in Leipzig 1517-1519. Mit großer Wahrscheinlichkeit war er dort Schüler des Leipziger Thomaskantors Georg Rhaw, der einen Lehrauftrag an der Universität wahrnahm. Georg Rhaw (1488-1548) ist derselbe, den wir später als Drucker von Lutherschriften und von Musikalien in Wittenberg treffen. Für den Eröffnungsgottesdienst der Leipziger Disputation 1519 hatte Georg Rhaw eine 12-stimmige Messe komponiert. Eben bei dieser Disputation erlebten Walter und Rhaw Martin Luther und wurden für das Anliegen der Reformation gewonnen. [6]

Auch Johann Walter war also - wie Luther - akademisch gebildeter Musiker, mit dem Unterschied, daß er sich dann auch beruflich ganz der praktischen Musikausübung zuwandte.

Luther kommt in seinen Schriften, in seinen Vorreden, Tischreden und Briefen wieder und wieder auf die Musik zu sprechen und weist ihr einen hohen Stellenwert zu: „Ich gebe nach der Theologia der Musica den nähesten Locum und höchste Ehre". [7] Vieles, was Luther dankbar und lobend über die Musik sagt, hat er aus der mittelalterlichen Musiktheorie übernommen. Wenn er davon spricht, daß die Musik eine Gabe Gottes des Schöpfers sei, von Anfang der Schöpfung eingestiftet [8], so entspricht das mittelalterlichem Musikverständnis. Wenn er die musica eine „gaubernatrix affectuum", eine Regiererin der Gefühle nennt, die den Geist der Traurigkeit vertreibt und Menschen fröhlich macht, [9], wenn er davon spricht, daß die Musik den Teufel vertreibt und daß sie in Friedenszeiten regiert, so befindet er sich in Übereinstimmung mit mittelalterlichen Autoren.

Aber nun gibt es in Luthers Äußerungen über die Musik auch eigene Akzente und neue Töne, die wir so vorher nicht gehört haben.

Ich möchte in drei Abschnitten über Luthers ureigenstes Musikverständnis nachdenken. Anschließend möchte ich in einem vierten Abschnitt Johann Walters Musikverständnis behandeln. Johann Walter hat ja Luther um 24 Jahre überlebt. Er reicht mit seinen Erfahrungen hinein in eine anders geartete Zeit.

Jetzt also Luthers ureigenste Gedanken über die Musik:

1. Musik und Sprache

„Die Noten machen den Text lebendig" [10], sagt Luther in den Tischreden. In diesem Zitat wird deutlich, daß er die Musik an die Rhetorik annähern möchte. Nicht zuerst die Zahl, nicht zuerst die arithmetische Regel, sondern die Sprache, die Rede soll den melodisch-rhythmischen Ablauf der Musik bestimmen. „Singen und Sagen" - siehe die Formel im Weihnachtslied „Vom Himmel hoch" - gehören für ihn zusammen. Mit Sorgfalt komponierte er für seine Deutsche Messe 1525 einen eigenen Epistel- und Evangelienton; und er begründete die Wahl der Tonarten vom sprachlichen Inhalt her. So erzählt es uns Johann Walter in seinem Bericht über die Fachgespräche mit Luther im Jahr 1525. Damals hatte Luther den Sangmeister Conrad Rupsch und dessen jungen Assistenten Johann Walter zu einer Beratung über die musikalische Gestalt der deutschen Messe von Torgau nach Wittenberg gebeten. Walter schreibt: „Dazumahlen (habe Luther) von den Choral Noten und Art der acht Ton unterredung mit uns gehalten / und beschließlich hat er von ihm selbst die Choral Noten octavi Toni der Epistel zugeeignet / und Sextum Tonum dem Evangelio geordnet / und sprach also: Christus ist ein freundlicher HERR / und seine Rede sind lieblich / darumb wollen wir sextum Tonum zum Evanglio nehmen / und weil S. Paulus ein ernster Apostel ist / wollen wir Octavum Tonum zur Epistel ordnen" [11].

Ein besonderes Gespür hat Luther für die Eigenart der deutschen Sprache, die ihrem Wesen nach eine akzentuierende Sprache ist. Das zeigt sich im gleichen Jahre 1525 in seiner Auseinandersetzung mit Andreas Karlstadt und Thomas Müntzer und ihren Versuchen eines Gottesdienstes in deutscher Sprache. Müntzer war in seinem deutschen Kirchenamt von 1523 so vorgegangen, daß er die lateinischen Texte der liturgischen Gesänge durch deutsche Texte ersetzt hatte, ohne den musikalischen Ablauf zu verändern. Luther äußert sich dazu kritisch: „(Dies) ist ein Nachomen wie die Affen thun", „es muß beyde text und notten, accent und weyse und geperde aus rechter mutter sprach und stymme kommen" [12]. Luther erkannte, daß sich die deutsche Spache gegen ein Singen von Prosa sperrt, wenn Melismen auf unbetonte Silben gesungen werden sollen. Die für deutsche Sprache geeignete Gesangsform fand Luther in der Gattung des strophischen Liedes. In einem Brief an seinen Freund Spalatin 1523 hatte er die Kriterien für die Schaffung deutscher Kirchenlieder genannt und so die Geschichte des evangelischen Kirchenliedes in Gang gesetzt. „Singe die Noten, so will ich den Text singen", hatte er Virgil zitierend in den Tischreden gesagt [14]. Dem entspricht auch eine Partie aus Johann Walters Bericht (s. o.). Als Luther sein deutsches Sanctus „Jesaja dem Profeten das geschah" vorträgt und Walter darüber staunt, „wie er alle Noten auff den Text nach dem rechten accent und concent so meisterlich und wol gerichtet hat", und als Walter Luther fragt, wo er dies gelernt habe, antwortet Luther: „Der Poet Virgilius hat mir solches gelehret, der also seine Carmina und Wort auff die Geschichte, die er beschreibt / so künstlich appliciren kan: Also sol auch die Musica alle ihre Noten und Gesänge auff den Text richten" [1].

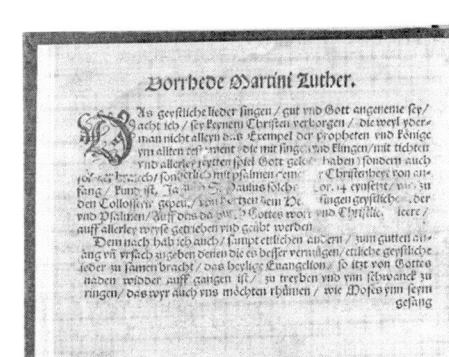

Johann Walter, Geystliche gesangk//Buchleyn. Vorrede Martin Luthers; Wittenberg 1524

„Nun frewt euch lieben Christen gemeyn", Martin Luther, Wittenberg 1523

Mit dieser Forderung, die Musik soll ihre Noten auf den Text richten, tritt Luther aus dem Mittelalter heraus in die Neuzeit, angeregt durch die Dichtung des klassischen Altertums.

II. Die uneingeschränkte Option Luthers für die Figuralmusik

Luthers lobende Worte über die Musik gelten nicht nur dem einstimmigen Gesang, sondern auch gerade der mehrstimmigen, kontrapunktisch gearbeiteten, polyphonen Musik seiner Zeit. In der Vorrede zu Johann Walters Geistlichem Gesangbüchlein von 1524 - einem 4-5-stimmigen Chorgesangbuch - sagt er von den dort zusammengestellten Geistlichen Liedern: sie seien in vier und fünf Stimmen gesetzt, damit die Jugend in der Musica und anderen Künsten erzogen werden könne. Darauf folgt das bekannte Zitat: „Auch das ich nicht der meinung bin / das durchs Evangelium / solten alle Künste zu boden geschlagen werden und vergehen / wie etzliche abergeistlichen furgeben / Sondern ich wolt alle Künste / sonderlich die Musica / gern sehen im dienst / des der sie geben und geschaffen hat" [16].
Mit dieser Bejahung der Künste im Gottesdienst unterscheidet sich Luther deutlich von der radikalen Reformation der Schwärmer, aber auch vom Gottesdienstverständnis der Schweizer Reformatoren.

In der anfangs schon zitierten Vorrede zu den Symphoniae jucundae [17] des Georg Rhaw rühmt Luther die musica artificialis, welche die musica naturalis verbessere, pflege und entfalte (im lateinischen Text die Verba: corrigere, colere und explicare). Dabei gilt seine Bewunderung nicht nur schlichten vierstimmigen Sätzen. Vielmehr spricht er von musikalischen Kompositionen, bei denen ein schlichter Tenor von drei, vier oder fünf anderen Stimmen umspielt, umtanzt und mit anmutigen Gesten geschmückt wird. In der Sprache der Musikwissenschaft: Luther lobt die Kunst des Diskantierens und Figurierens.

Dem entspricht auch Luthers hohe Meinung von den großen Komponisten seiner Zeit aus der niederländisch-burgundischen Schule.

Am 1. Januar 1537 wurden nach der Mahlzeit - so lesen wir es in den Nachschriften [18] - hervorragende Cantilenen gesungen. Dr. Martinus bewunderte sie und sprach mit Schluchzen (cum singultu): „Ach wie feine musici sindt in 10 jharen gestorben: Josquin, Petrus Loroe (Pierre de la Rue), Finck und viele andere excellente". Besonders der 1521 verstorbene Komponist Josquin de Prez, von dem uns 20 vollständige Messen und 90 Motetten überliefert sind, genoß Luthers große Bewunderung. So konnte Luther Josquins freien, souveränen Umgang mit den Kompositionsregeln vergleichen mit der befreienden Macht des Evangeliums. Er sagt: „Was Gesetz ist, das gehet nicht von Statt, noch freiwillig von der Hand, sondern sperret und wehret sich, man thut's ungern und mit Unlust; was aber Evangelium ist, das gehet von Statt mit Lust und allem willen. Also hat Gott das Evangelium gepredigt auch durch die Musicam, wie man an Josquini Gesang siehet, daß alle Compositio fein fröhlich, willig, milde und lieblich heraus fleußt und gehet, ist nicht gezwungen noch genötigt und an die Regeln stracks und schnurgleich gebunden, wie des Fincken Gesang" [19].

Dabei scheint Luther gar nicht zu stören, daß doch der Flame Josquin lange in päpstlichen Diensten und dann in österreichisch-altgläubigen Diensten stand.

Bekannt ist Luthers emotionales Urteil über den Münchener Hofkomponisten Ludwig Senfl (1486-1542), das uns in mehreren Tischreden-Nachschriften überliefert ist: „Darauf wurden hervorragende Cantilenae von Senfl gesungen, welche er bewunderte und lobte und sprach: Eine solche mutet vermochte ich nicht tzu machen, wan ich mich tzureißen sollte, wie er den auch nicht einen psalm predigen künt als ich" [20]. Auf Luthers Beziehungen zu Ludwig Senfl komme ich noch einmal zurück.

Wie kompetent Luther in der Beurteilung musikalischer Kompositionen war, zeigen 2 Beispiele aus den Tischreden:

Am 26. Dezember 1538 wurde bei Tisch die lateinische Motette „Haec Dicit Dominus" für 6 Stimmen gesungen und laut der Nachschrift als eine Komposition von Conrad Rupsch vorgestellt [21]. Luther war von der Komposition so beeindruckt, daß er den Wunsch äußerte, diese Motette solle bei seinem Sterben („agone mortis") gesungen werden; denn es sei eine hervorragende „Motetta, die Gesetz und Evangelium Tod und Leben zusammenfasse." Zwei Stimmen schreien und trauern: Es umfingen mich des Todes Bande; 4 Stimmen überschreien diese mit dem Text: So

spricht der Herr: Aus der Hand des Todes befreie ich mein Volk. Es ist sehr wohl tröstlich komponiert. [22] Der Musikwissenschaftler van Crevel hat inzwischen diese Motette als eine Komposition des großen Josquin de Prez identifiziert [23].
Bei der gleichen Gelegenheit wurde dann eine Motette „Sancta trinitas", auch zu 6 Stimmen gesungen, aber von den 6 Stimmen waren 2 Stimmen unecht, d. h. später hinzugefügt. Luther erkennt den Sachverhalt sofort und sagt: „Es hats einer wollen besser machen und hat die Einfachheit entstellt. Denn jene 4 Stimmen sind wunderbar in ihrer Einfachheit". [24]
Luthers Liebe für die Figuralmusik wird auch deutlich in seiner scharfen Reaktion auf die Auflösung der kurfürstlichen Hofkantorei im Jahr 1525/26. Kurfürst Friedrich der Weise hatte eine ansehnliche Hofkantorei unterhalten. Sangmeister waren nacheinander Adam von Fulda (1445-1505), Adam Rener (1485-1520), Conrad Rupsch (1475-1530). Auch Heinrich Isaac (1450-1517) aus Innsbruck lieferte in den Jahren 1497-1500 Kompositionen. 1525 starb Friedrich der Weise unverheiratet. Sein jüngerer Bruder Johann der Beständige übernahm die Regierung. In der Förderung der Reformation nahm er eine entschiedenere Haltung ein, aber an Kunstsinn stand er hinter seinem Bruder weit zurück. So hat er im ersten Jahr seiner Regierung 1525/26 die Hofkantorei aufgelöst und die Sänger „abgefertigt", auch den begabten Johann Walter, den Conrad Rupsch als seinen Nachfolger empfohlen hatte. Luther hat es sehr geärgert, daß die der Reformation feindlich gegenüberstehenden Herrscher in Bayern und Österreich ihre kulturpolitische Verantwortung ernster nahmen als sein in Glaubensfragen so beständiger Kurfürst. Er sagt: „Etliche von Adel und Scharrhansen meinen, sie haben meinem gnädigsten Herrn jährlich 3000 Gulden erspart an der Musica; indeß verthut man unnütz dafür 30000 Gulden. Könige, Fürsten und Herren müssen die musicam erhalten ... . So lesen wir von David: Er machte Sänger und Sängerinnen" (cantores et cantrices) [25].
Der arbeitslos gewordene, jung verheiratete Johann Walter hat sich dann an verschiedenen Stellen vergeblich um eine Anstellung beworben [26]. Luther und Melanchthon haben mehrfach beim Kurfürsten für ihn Fürsprache eingelegt [27]. Es hat lange gedauert, bis ihre Bemühungen Erfolg hatten. Johann Walter konnte dann 1527, zunächst notdürftig wirtschaftlich abgesichert, in die neue Tätigkeit eines Schul- und Stadtkantors in Torgau einsteigen.
Luthers Intention einer reichen Figuralmusik im Gottesdienst konnte nur in Erfüllung gehen, weil er fähige, fachkundige Mitarbeiter an seiner Seite hatte. Hier sind an erster Stelle zwei Namen wichtig, die schon mehrfach genannt wurden: einmal Johann Walter (1496-1570) mit seinem seit 1524 erscheinenden Chorgesangbuch mit 4-5-stimmigen Sätzen zu Lutherliedern. Die letzte Auflage 1551 trägt den Titel „Wittembergisch deudsch Geistlich Gesangbüchlein". Zum anderen Georg Rhaw (1486-1548). Er war, wie wir schon hörten, in seiner Frühzeit Thomaskantor und Dozent in Leipzig, ging aber aus Glaubensgründen 1523 nach Wittenberg und gründete hier eine Druckerei, die der Verbreitung reformatorischen Schrifttums dienen sollte. Zu seinen Editionen gehörten eine Reihe von Musikalien-Sammeldrucken mit lateinischen und deutschen Motetten für den Evangelischen Gottes-

dienst. Dabei kamen ihm seine vielfältigen Beziehungen zu den großen Komponisten der Zeit zugute. Er bat gleicherweise Komponisten aus katholischen Ländern wie Arnold de Bruck, Thomas Stolzer, Ludwig Senfl, als auch bewußt evangelisch gesonnene Musiker wie Sixtus Dietrich und Balthasar Resinarius um Beiträge. So sorgte er für ein oekumenisch ausgerichtetes Repertoire für die Wittenberger Gottesdienste. Seine wichtigsten Sammeldrucke sind einmal die schon mehrfach genannten „Symphoniae jucundae" mit der lateinischen Vorrede Luthers von 1538 [29], zum anderen die Sammlung „Newe Deudsche Geistliche Gesenge" 1544 mit 123 vier- und fünfstimmigen Kirchenliedsätzen [30]. Dieser Sammeldruck hat als Vorrede Luthers Gesang „Fraw Musica" mit den bekannten Strophen „Die beste Zeit im Jahr ist mein".

Tatsächlich muß der Wittenberger Gottesdienst mit seiner vielfältigen Figuralmusik auf Besucher von außen einen großen Eindruck gemacht haben. Der Komponist Sixtus Dietrich (1492-1548) aus Konstanz schreibt im Jahr 1543 über seine Wittenberger Erlebnisse an den Baseler Humanisten Bonifacius Amerbach: „Alle festa singt man ein herlich ampt in figuris: Introit, Kyrie, in terra, Patrem, Alleluja, Sanctus, Agnus und communio wie von alter her" [31].

Wer zu Luthers Zeiten in Wittenberg einen Festgottesdienst besuchte, der konnte das Gotteslob mit einer Figuralmusik aus allen deutschen Landen hören, ohne Rücksicht auf den Bekenntnisstand der jeweiligen Region. Da war die eine katholische und apostolische Kirche wahrnehmbar.

III. Die Musik als Lebenshilfe in den Stunden der Anfechtung

Wenn Luther so uneingeschränkt für die Figuralmusik in Schule und Gottesdienst votierte, so war das nicht nur ein pädagogisches Anliegen. Hinter der Liebe zur großen Musik standen persönliche Erfahrungen. Luthers Votum für die Musik ist in seiner Charakterstruktur und in seiner Biographie begründet. Häufig sagt Luther, daß die Musik den Teufel und die Anfechtungen vertreibt [32]. Mehrfach kommt er auf die beiden biblischen Gestalten: den depressiven Saul und den harfe-spielenden David zu sprechen und zeigt daran die therapeutische Wirkung der Musik [33]. So können auch Gelehrte des Mittelalters sprechen. Aber Luther sagt es in existentieller Zuspitzung auf seine eigene Person und auf seine eigenen Anfechtungen: „Ego aliquando valde tentabar in horto meo ad lavendulam, ibi canebam 'Christum wir sollen loben schon', Alioqui perissem" (Einstmals wurde ich in meinem Garten am Lavendelbaum hart versucht; da sang ich 'Christum wir sollen loben schon', andernfalls wäre ich umgekommen) [34].

Und Luther schreibt es in existentieller Zuspitzung in einem seelsorgerlichen Brief an den Freiberger Organisten und Schulmeister Matthias Weller vom 7. Oktober 1534. Weller hatte bei Luther angefragt, wie er sich bei depressiven Gemütszuständen verhalten solle. Der wichtigste Abschnitt in Luthers langem Brief hat folgenden Wortlaut: „Darumb, wenn Ihr traurig seid, und will uberhand nehmen, so sprecht:

Newe Deudsche Geistliche Gesenge.
Titelblatt mit Wappen der fünf Reformatoren;
Wittenberg 1544

Auf! ich muß unserm Herrn Christo ein Lied schlagen auf dem Regal (es sei 'Te Deum laudamus'oder 'Benedictus'etc); denn die Schrift lehret mich, er höre gern fröhlichen Gesang und Saitenspiel. Und greift frisch in die Claves und singet drein, bis die Gedanken vergehen, wie David und Elisäus taten. Kommet der Teufel wieder und gibt Euch eine Sorge oder traurige Gedanken ein, so wehret Euch frisch und sprecht: Aus Teufel, ich muß itzt meinem Herrn Christo singen und spielen." [35].

Luther führt die wohltuende Wirkung der Musik bis in seine Jugendzeit zurück. Das wird deutlich aus seinem Brief an den Münchener Hofkomponisten Ludwig Senfl (1486-1542) vom 5. Oktober 1530 [36], geschrieben auf der Veste Coburg, auf der sich Luther während des Augsburger Reichstages aufhält. Diese Zeit von Mai bis Oktober 1530 ist für ihn eine harte Zeit voller Krankheiten, Schmerzen, Sorgen, Anfechtungen, aber auch voller Trauer über den Tod seines Vaters. Luther denkt ernsthaft über die Möglichkeit seines eigenen Sterbens nach [37]. Auf dem Hintergrund dieser Erfahrungen schreibt Luther an Senfl. Der Brief, in gepflegtem Latein geschrieben, ist offenbar sorgfältig vorbereitet. Unter den Aufzeichnungen Luthers auf der Veste Coburg findet sich eine kleine Skizze mit dem griechischen Titel „Peri tes mousikes" [38], die verwandte Gedanken enthält. Luther wendet sich im ersten Teil des Briefes der Musik im allgemeinen zu; dann aber bittet er Senfl um eine mehrstimmige Komposition für den Fall seines Todes über den Text „In pace in idipsum" (Ich liege und schlafe ganz in Frieden) Ps. 4,9. Luther fügt die Melodiestimme bei, deren Noten er selber aufgezeichnet hat, und schreibt, daß ihn diese Melodie von Jugend auf erfreut habe, jetzt aber noch viel mehr, seitdem er auch die Worte verstünde.

Wie haben wir das zu verstehen? Die Melodie einer Antiphon (oder eines Responsoriums) für Sterbefälle begleitet und erfreut den Menschen Martin Luther seit seiner Jugendzeit. Wo hat er den Gesang gelernt? Bei der Beerdigung von Familienangehörigen im Mansfelder Land? Oder in seinem Dienst als Kurrendesänger in Magdeburg und Eisenach oder im Kloster bei der täglichen Komplet? Offenbar gab es bestimmte Melodien des Lateinischen Kirchengesanges, die in seinem Unterbewußt-

sein fest hafteten, und durch die er von Jugend auf geprägt und gestärkt wurde. Das erfahren wir indirekt auch aus der Vorrede seiner letzten Gesangbuch-Edition „Christliche Geseng, lateinisch und deudsch, zum Begräbnis" 1542 [39].
Luthers Umgang mit der Musik ist ähnlich wie sein Umgang mit der Theologie. Er hat Theologie getrieben in existentieller Betroffenheit, und er hat Musik gehört in existentieller Betroffenheit. Er hat in der Bibel geforscht unter der existentiellen Fragestellung: Wie finde ich einen gnädigen Gott? Und er hat Musik gehört und betrieben unter der existentiellen Fragestellung: Wie überstehe ich die Anfechtungen in dieser bösen Zeit?

IV. Johann Walters jenseitiges Musikverständnis

Es gibt mehrere Vorgänge, die die enge Zusammenarbeit Luthers mit Johann Walter belegen. Wir haben oben auf das geistliche Gesangbüchlein hingewiesen, zu dem Luther das Vorwort schrieb. Wir haben von Luthers Fachgesprächen mit Walter bei der Vorbereitung der deutschen Messe 1525 berichtet [40]. Jetzt möchte ich auf ein weiteres anschauliches Ereignis hinweisen.
Am 5. Oktober 1544 wurde die Schloßkirche zu Schloß Hartenfels in Torgau von Martin Luther mit seiner berühmten Kirchweihpredigt eingeweiht. Die musikalische Gestaltung des Gottesdienstes lag in den Händen des Torgauer Stadtkantors Johann Walter. Er brachte eine sieben-stimmige lateinische Motette über den 119. Psalm zur Aufführung. Die Motette hat 5 Teile. In den Psalmtext hinein erklangen Huldigungsrufe auf Luther, auf Melanchthon, auf den Kurfürsten Johann-Friedrich. [41]
Wir fragen: Welches Musikverständnis hatte Johann Walter, der für uns zum Urbild des evangelischen Kantors geworden ist? Walter hat uns nicht nur Noten, sondern auch Texte in beachtlicher Zahl hinterlassen, aus denen wir sein Musikverständnis erschließen können. Da sind einmal seine beiden großen Lobgedichte: „Lob und Preis der löblichen Kunst Musica" 1538 [42] und „Lob und Preis der himmlischen Kunst Musica" 1564 [43]. Dann sind aufschlußreich die Vorreden zu seinen Kompositions-Editionen, so die Vorrede zum Magnificat-Zyklus von 1556 [44] und die Vorrede zu seiner letzten großen Komposition „Das Christliche Kinderlied D. Martini Lutheri 'Erhalt uns Herr bei einem Wort'" 1566 [45]. An dritter Stelle sind Walters Kirchenlieder zu nennen, zu denen er sowohl den Text wie die Musik geschrieben hat [46].
Es verwundert nicht, daß viele Gedanken Walters über die Musik mit der mittelalterlichen Musiktheorie und dem Musikverständnis Luthers übereinstimmen. Auch für Walter ist die Musik Gabe Gottes des Schöpfers, der Schöpfung von Anfang an eingestiftet. Sie hat die Kraft, Fröhlichkeit zu wecken, Traurigkeit zu vertreiben, Zorn zu lindern. Die Wirkung der Musik angesichts der Gemütskrankheit von König Saul kommt mehrfach zur Sprache. Über die therapeutische Funktion der Musik spricht er in bildhaften Worten [47]. Und natürlich votiert er genauso intensiv für die Figuralmusik im Gottesdienst wie Luther. Über das Verhältnis von Theologie und Musik

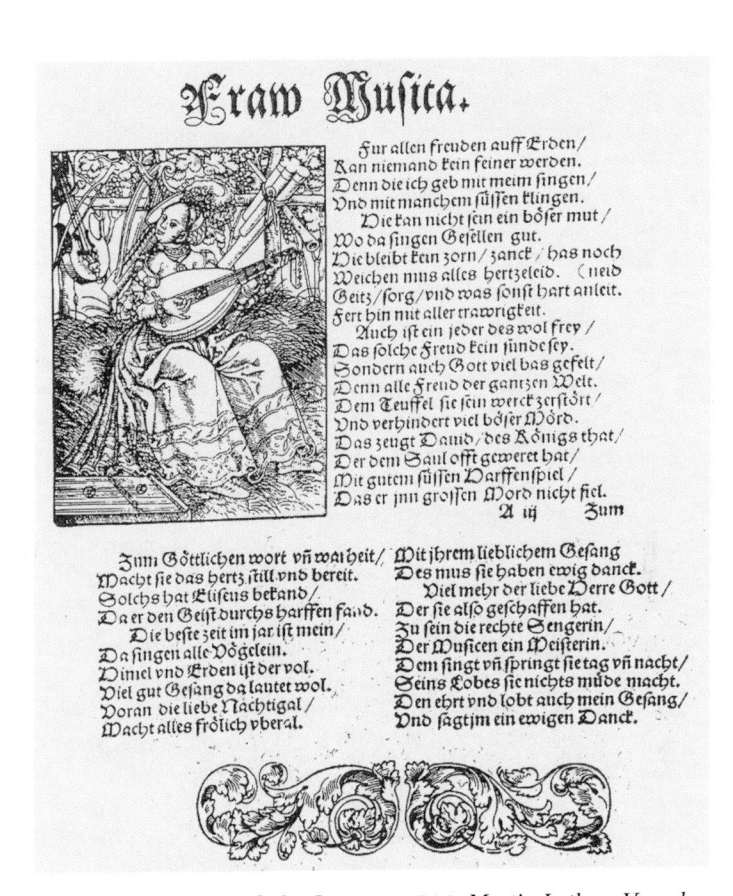

Newe Deudsche Geistliche Gesenge, 1544. Martin Luthers Vorrede „Frau Musica" mit Dichtung „Die beste Zeit im Jahr ist mein"

findet Walter eigene Formulierungen und setzt Akzente, die ein wenig über Luther hinausgehen; so, wenn er sagt: „die Musica sei in der Theologie eingewickelt und verschlossen" [48] oder wenn er Theologia und Musica als Schwestern bezeichnet [49].
Johann Walter war in seinem Glauben und Denken ein getreuer Schüler Luthers. Doch als der Jüngere hat er den Meister um 24 Jahre überlebt. Und nach Luthers Tod traten politische Ereignisse ein, die Walters Biographie schmerzlich tangierten. Davon blieb auch das Musikverständnis des späten Walter nicht unberührt.
Am 24. April 1547 wurde der ernestinische Kurfürst Johann-Friedrich der Großmütige bei Mühlberg durch das kaiserliche Heer geschlagen, gefangen genommen, anfangs zu Tode und später zu lebenslänglicher Haft verurteilt. Der albertinische Herzog Moritz aus der Residenzstadt Dresden hatte zum Ärger der Lutheraner auf kaiserlicher Seite gekämpft, obwohl doch sein Volk zur Reformation übergegangen war. Im Volksmund wurde er deshalb der „Judas von Meißen" genannt; vom Kaiser aber wurde er belohnt, indem er die Kurwürde erhielt, die Johann-Friedrich

dem Großmütigen abgenommen wurde. Außerdem erhielt er ein wichtiges Stück Land aus den bisher ernestinischen Landen, nämlich die Städte Wittenberg und Torgau, die nun in das Dresdnische Sachsen eingegliedert wurden [50].
Für Johann Walter waren das fürchterliche Ereignisse. Sein im Glauben so beständiger Kurfürst war degradiert und in Haft. [51] Wittenberg und Torgau, die zentralen Städte der Reformation, sollten mit einem Male einen so fragwürdigen Herrscher wie Moritz als ihren neuen Landsherrn anerkennen. Eigentlich wäre Walter am liebsten ausgewandert. Aber er hatte ja inzwischen ein Grundstück in Torgau erworben, war dort Ratsherr und hing an der Chor- und Schularbeit.
Die großen politischen Veränderungen hatten auch religionspolitische Konsequenzen. Kaiser Karl V. nötigte die Evangelischen Stände zu einem religiösen Kompromiß: dem Leipziger Interim vom November 1548. Danach sollte den Evangelischen gestattet sein, an den Glaubensartikeln „sola scriptura" und „sola fide" festzuhalten; doch sollten sie sich in den Ceremonien, im Festkalender und in der Siebenzahl der Sakramente der altgläubigen Praxis beugen. Wie sollte man mit diesem Interim umgehen? Luther konnte nicht mehr befragt werden. Er war im Vorfeld des Schmalkaldischen Krieges am 18. Februar 1546 verstorben.
Melanchthon, bei dem jetzt die theologische Verantwortung für die sächsischen Kirchengemeinden lag, zeigte sich gegenüber dem neuen Landesherrn loyal und signalisierte einen nachgiebigen, kompromißbereiten Kurs.
Noch während der Verhandlungen über das Interim hatte der neue Kurfürst Moritz beschlossen, eine neue Hofkantorei zu gründen. Er suchte dazu einen befähigten Kapellmeister. Melanchthon und Cruziger empfahlen Johann Walter [52]. Musikalisch gesehen, war das eine wunderbare Aufgabe. Es handelt sich ja um die selbe Hofkapelle, der später so berühmte Kapellmeister wie Heinrich Schütz, Adolf Hasse, Carl Maria von Weber vorstanden. Johann Walter sagte zu und begann mit der neuen Arbeit noch 1548 - aber er tat die Arbeit von Anfang an mit belastetem Gewissen. Er fragte sich: Sind die Theologen, die auf das Leipziger Interim eingingen, nicht Verräter, falsche Propheten, die, um ihre Stellung zu behalten, einen Kompromiß mit dem Antichrist geschlossen haben? War jetzt nicht ein eindeutiges Bekenntnis gefordert gegen die Aufweichung der Lehre Luthers? Walter wandte sich in einem vertraulichen Brief an den harschen Lutheraner Matthias Flacius (1520-1575) in Magdeburg, der Walter in seinem Mißtrauen gegen das Interim bestärkte [53]. So kam es, daß Walter bereits nach 6 Jahren - im Alter von 58 Jahren - beim Kurfürsten seine Pensionierung beantragte und nach Torgau zurückkehrte. Freilich war dort seine Stelle längst neu besetzt. Ein langer Ruhestand von 16 Jahren war ihm geschenkt bzw. auferlegt.
Geprägt durch diese Erfahrungen schreibt und komponiert Walter sein „Neues Christlichs Lied / dadurch Deutschland zur Buße ermahnet" „Wach auf, wach auf du deutsches Land" 1561. Die 26 Strophen dieses Bußliedes richtet er an ein Volk, das - aus seiner Sicht - in Gefahr ist, die prophetische Entdeckung des Mannes Gottes Lutherus zu verspielen [54].
Aus dem gleichen Geist ist auch sein letztes umfangreiches kompositorisches Werk

„Erhalt uns Herr bei deinem Wort, Auffs new in sechs Stimmen gesetzt und mit etlichen schönen Christlichen Texten" 1566 geschrieben. Auch diese Komposition hat keine liturgische Zweckbestimmung, sondern ist ein individuelles Bekenntnis des alternden Meisters angesichts der befürchteten Aufweichung der lutherischen Lehre [55].
Interpretieren wir den späten Johann Walter aus den 26 Strophen des Bußliedes „Wach auf, wach auf du deutsches Land", so steht er vor uns als ein freudloser, frustrierter Mann, der mit seiner Kirche ins Gericht geht. Aber es gibt noch eine andere Seite im Denken und Schaffen des späten Walter, der wir uns jetzt zuwenden wollen [55a]. Walter schaut und hört hinaus über diese böse Zeit in die kommende Ewigkeit. Johann Walter hört Musik in jenseitigen Farben und Tönen. Schon im Lobgedicht von 1538 [56] hatte er in den Reimpaaren 145-150 gesagt:

> „Die Music mit Gott ewig bleibt
> Die andern Künst sie all vertreibt
> ....
> Im Himmel gar man nicht bedarff
> Der kunst Grammatic und Logic scharff
> Geometri / Astronomey
> Kein Medizin / juristerey
> Philosophey /Rhetorica
> Allein die schöne Musica"

um dann zu konstatieren:

> „Do werdens all Cantores sein
> Gebrauchen dieser Kunst allein"

Und in der Vorrede zum Magnificat-Zyklus von 1556 sagt er es in Prosa so [57]:
„Das im ewigen Leben / in der ewigen Seligkeit nichts denn eitel Cantores sein werden. Aber der Juristen / Sophisten und der gleichen / wird man gar nichts bedurffen. Wollen sie aber in der Seligkeit (Dazu uns Christus unser Heiland allen gnediglich helfe) auch sein / so mügen sie sich nur mit Gedult recht darein ergeben / das sie im ewigen Leben / doch Cantores werden / und sein müssen ...."
Im Sinne dieses jenseitigen Musikverständnisses ist auch seine große Kontrafraktur über das Sommerlied „Herzlich tut mich erfreuen die liebe Sommerzeit" aus dem Jahr 1552 zu verstehen, wenn es dort in Str. 18 heißt:

> „Da wird man hören klingen
> Die rechten Saitenspiel.
> Die Musik Kunst wird bringen
> In Gott der Freuden viel,
> Die Engel werden singen,
> All Heilgen Gottes gleich
> Mit himmlischen Zungen
> Ewig in Gottes Reich" (58).

Ein musikalisches Quartett des Predigerseminars, für Johann Walter
Foto: Lothar Günther, Axien

Walter hat mit diesen Gedanken die Anregung gegeben zu den Bildern und Kupferstichen von der himmlischen Kantorei, die wir auf vielen Titelbildern von Gesangbüchern des 17. u. 18. Jahrhunderts finden.
Vergleichen wir Luthers Musikverständnis mit dem Musikverständnis des späten Johann Walter, so wird eine Verschiebung deutlich. Martin Luther braucht die Musik zur Bewältigung dieses zeitlichen Lebens. Johann Walter schaut voller Sehnsucht und Hoffnung aus nach der Musik des ewigen Lebens. Die zeitliche Musik ist für ihn Symbol und Angeld der ewigen Musik.
Ich möchte Walter gegenüber Luther nicht abwerten und nicht zu einem utopischen Musiker erklären. Sein Bußruf und sein jenseitiges Musikverständnis sind durchaus aktuell. Sein Bußruf „Wach auf, wach auf, du deutsches Land", der keinesfalls nationalistisch mißverstanden werden darf, ist eine ernste Anfrage an evangelische Christen, wie sie Luthers reformatorische Entdeckung von der Rechtfertigung des Gottlosen einbringen wollen in ein Europa, das einerseits überwiegend katholisch, anderseits überwiegend atheistisch ist.
Walters Blick in die himmlische Kantorei schenkt uns Trost und Hoffnung, wenn wir an die Grenzen unserer Möglichkeiten stoßen. Und so möchte ich Johann Walter neben und nach Luther nicht missen.

Anmerkungen:

[1] Martin Brecht: Martin Luther, sein Weg zur Reformation, Liz.-Ausg. Berlin 1986, S. 42 ff.
[2] Die Vorrede Luthers zu den „Symphoniae jucundae", für die sich auch der Titel „Enkomion musices" eingebürgert hat, findet der Leser in der Weimarer Ausgabe der Werke Luthers (im Folgenden: WA) Bd. 50, S. 364 ff.; ebenfalls abgedruckt in: Walter Blankenburg: Johann Walter, Leben und Werk, Tutzing 1991, S. 439-445, dort mit der freien Übersetzung von Johann Walter aus dem Jahr 1564
[3] Migne: Patrologia latina 63, 1171
[4] Johann Tinctoris schrieb u. a. das älteste Musiklexikon „Terminorum musicae diffinitorium", Treviso 1495. Das Werk wurde mit deutscher Übersetzung veröffentlicht in den Documenta musicologica, 1. Reihe XXXVII, Kassel 1983
[5] Michael Praetorius: Syntagma musicum I, Wittenberg 1614/15, S. 449-453, Abdruck in W. Blankenburg: Johann Walter S. 421-425
[6] W. Blankenburg a. a. O. S. 35 f.
[7] WA Tischreden 7034
[8] WA 50, S. 367 ff.

[9] WA TR 7034; Luthers Entwurf „Peri tes mousikes" 1530 in WA 30 II, S. 695 f.
[10] WA TR unter 968 und TR 2545b
[11] Verba des alten Johann Walters in Michael Prätorius a. a. O. S. 449-453; siehe auch Luthers ästhetische Bewertung der Tonarten in WA TR 816 und TR 2996
[12] Wider die himmlischen Propheten, von den Bildern und Sakrament, WA 18, dort S. 123
[13] WA Briefe V, S. 220
[14] WA TR unter 968
[15] M. Prätorius, a. a. O. S. 453
[16] Die deutschen und lateinischen Gesänge des „Geistlichen Gesangbüchleins" von 1524 und den Folgeauflagen bis 1551 findet der Leser in: Johann Walter: Sämtliche Werke, hrsg. von Otto Schröder und Max Schneider, Bd. I-III, Kassel 1953-1955; Luthers Vorrede zum „Geistlichen Gesangbüchlein" 1524 in WA 35 S. 474 f.; Facsimile der Vorrede in W. Blankenburg a. a. O. S. 419
[17] s. Anm. 2
[18] WA TR 3516
[19] WA TR 1258
[20] WA TR 6247
[21] Es handelt sich um eine Motette über Psalm 18,5 mit Antiphon über Ezechiel 13,20 f. aus J. Otts Sammlung „Novum et insigne opus musicum", Nürnberg 1537
[22] WA TR 4316
[23] s. den Artikel „Rupsch, Conrad" von Walter Blankenburg in MGG 1. Aufl. Bd. 11, Sp. 1124 f
[24] WA TR 4316
[25] WA TR 968
[26] W. Blankenburg: Johann Walter S. 50-56
[27] s. besonders Melanchthons Brief an den Kurfürsten Johann vom 20. Juni 1526 in Corpus Reformatorum I, Halle 1834 Nr. 385
[28] s. Anm. 16; über die verschiedenen Auflagen und Nachdrucke des Geistlichen Gesangbüchleins siehe Markus Jenny: Luthers Geistliche Lieder und Kirchengesänge, Archiv zur Weimarer Ausgabe der Werke Luthers Bd. 4, Köln 1985 S. 31 ff.; ein Facsimile vom Zweitdruck des Geistlichen Gesangbüchleins Worms 1525, mit Geleitwort von W. Blankenburg, erschien in den Documenta musicologica, 1. Reihe XXXIII, Kassel 1979
[29] Eine praktische Neuausgabe von Georg Rhau's Symphoniae jucundae 1538 besorgte Hans Albrecht, Kassel 1959
[30] Newe Deudsche Geistliche Gesenge, Wittenberg 1544, Facsimile mit einem Nachwort von Ludwig Finscher, Kassel 1969
[31] Markus Jenny: Ein Brief von Sixt Dietrich über Luther und die Kirchengemeinde in Wittenberg, Jahrb. für Liturgik u. Hymnologie 5. Jg. 1960, S. 134
[32] WA TR 968 und 7034
[33] s. Johann Walters Übersetzung zu der betreffenden Stelle im Vorwort zu den Symphoniae jucundae: „Wiederum zeuget die Schrifft, das durch die Musica der Sathan welcher die Leute zu aller untugend und laster treibet, vertrieben werde. Wie denn im Könige Saul angezeiget wird, über welchem, wenn der Geist Gottes kom, so nam David die Harffen und spielet mit seiner Hand, so erquicket sich Saul und ward besser mit ihm, und der böse Geist weich von im. (Abdruck in W. Blankenburg: Johann Walter S. 442)
[34] WA TR 522.
[35] WA Briefe Nr. 2139
[36] WA Briefe Bd. 5, 635-641, vergl. WA Bd. 30/II 695 f.
[37] Martin Brecht: Martin Luther, Ordnung und Abgrenzung der Reformation 1521-1532 Liz. Ausg. Berlin 1989, S. 359-365
[38] WA Bd. 30/II 695 f.

[39] s. Markus Jenny: Sieben biblische Begräbnisgesänge, ein unerkanntes und unediertes Werk Luthers, in Lutheriana, Archiv zur WA Bd. 5, Köln 1984 S. 455-474
[40] Die Frage, wie weit Walter an der Komposition der Melodien zu den Luther-Liedern beteiligt ist, wird unterschiedlich beantwortet. W. Blankenburg (a. a. O. S. 173) möchte Walter die Komposition bzw. Bearbeitung von 10 Melodien zu Lutherliedern zuschreiben. Demgegenüber führt M. Jenny (Archiv zu WA Bd. 4 S. 14 ff.) im Höchstfalle 7 Melodien von Lutherliedern auf Walter zurück.
[41] Johann Walter, Sämtliche Werke Bd. V, hrsg. von Max Schneider, Kassel 1961 S. 3 ff.; dazu W. Blankenburg a. a. O. S. 70 f.
[42] Johann Walter, Sämtliche Werke (=WGA) Bd. VI, hrsg. von Joachim Stalmann, Kassel 1970, S. 153-156
[43] WGA Bd. VI, S. 157-161
[44] Facsimile bei W. Blankenburg a. a. O. S. 435-438
[45] Facsimile in WGA Bd. VI, S. XXIX
[46] WGA, in Bd. III
[47] „Man spürt und greift, daß Music sei/
Von Gott gemacht zur Arzenei:/
Schmerz, Unfall und Schwermütigkeit/
Czu lindern alle Traurigkeit/
auch Gott zu Lob in Ewigkeit."
in Lob und Preis ... 1564 Str. 30, WGA Bd. VI, S. 158
[48] W. Blankenburg. a. a. O. S. 426 ff., dort ist ein Facsimile der Vorrede Walters zu „Lob und Preis der löblichen Kunst Musica" abgedruckt.
[49] WGA Bd. VI, S. 154
[50] Hubert Kirchner: Reformationsgeschichte von 1532-1555, Berlin 1987, S. 89-96
[51] In dem auf den Tod Johann Friedrich des Großmütigen gedichteten und vertonten Epitaph läßt Johann Walter den Fürsten sprechen:
„(Das Evangelium), welchs ich auch für die Welt bekant
und schütz solchs in meinem Land,
Darumb hat mich des Teufels Macht
aus Neid umb Land und Leut gebracht".
Bei W. Blankenburg a. a. O. S. 96
[52] W. Blankenburg a. a. O. S. 85 ff
[53] W. Blankenburg a. a. O. S. 91 ff
[54] „Ein neues Christliches Lied, dadurch Deutschland zur Buße ermahnet" 1561, WGA Bd. III, S. 76 f.; In verschiedenen Strophen wird Gottes Strafe angekündigt, so in Str. 21:
„Martinus Luther, Gottes Mann
hat Deutschland oft vermahnet,
Man sollt von Sünden abelahn,
Ein große straf ihm ahnet,
Gott würd an Deutschland strafen hart
Den Undank an seim Gnadenwort
Keins Undancks Gott nicht schonet."
[55] WGA Bd. VI, Facsimile der Vorrede auf S. XXIX
[55a] Wichtige Erkenntnisse über Johann Walters Leben und Denken danke ich dem Gespräch mit Joachim Stalmann
[56] s. Anm. 42
[57] W. Blankenburg a. a. O. Facsimile der Vorrede auf S. 437
[58] Willibald Gurlitt: Johann Walter und die Musik der Reformationszeit, Lutherjahbuch 1933 S. 100, sieht in Walters Musikverständnis eine „Verheißung auf ein rein geistiges Musik-Sein .... einen Wegweiser zu einem ganz neuen und ewigen Musikalisch-Sein...."

„Die Gewalt soll gegeben werden dem gemeinen Volk"

Auf dem Weg zum Reich Gottes

Siegfried Bräuer

Wer Bescheid wußte, hatte noch vor zehn Jahren auf dem Wittenberger Schloßplatz ein Bild voller Spannung vor Augen: Auf der einen Seite ein sowjetischer Panzer auf einem Porphyrsockel, auf der anderen die Thesentür der Schloßkirche. Ein T 34 richtete sein Geschützrohr gen Westen als Symbol für den erhofften Sieg des Kommunismus. Wie ein Schutzschild waren ihm gegenüber Luthers 95 Thesen in Bronze gegossen zu sehen, in lateinischer Sprache. „Manet itaque pena ... ad introitum celorum", „So bleibt also die Strafe Gottes ... bis zum Eingang ins Himmelreich", heißt es in der 4. These.[1] Ein Panzer weist hin auf das Reich des Menschen, eine theologische Aussage in Bronze auf das Reich Gottes. Was für ein Gegensatz, doch beides sind Symbole für die uralte Frage nach dem Ziel des Menschen und seiner Gesellschaft. Sie stand schon zur Zeit Luthers auf der Tagesordnung und ist auch nie ganz zur Ruhe gekommen, selbst wenn wir gegenwärtig davon weniger hören. Sie soll im Mittelpunkt der vierten Sonntagsvorlesung über die Zeitenwende stehen. Zunächst ist es ratsam zu fragen, was in der alten Christenheit unter Reich Gottes verstanden wurde.

1. Zum Verständnis vom Reich Gottes vor Luther

Es ist nicht mehr einfach, sich über den Begriff Reich Gottes zu informieren. Die Wörterbücher geben unter dem Stichwort „Reich" zunächst Auskunft über den politischen Gebrauch. Sie nennen das Reich der Römer oder das Reich Karls des Großen, nicht aber das Reich Gottes.[2] Im Brockhaus erfährt man außerdem etwas über den Gebrauch des Begriffes in der Biologie, über das Pflanzen- und Tierreich. Ausführlicher wird man über die politisch-kulturelle Wochenzeitschrift „Das Reich" unterrichtet, für die Josef Goebbels während des 2. Weltkrigs Leitartikel schrieb. Einen Hinweis auf „Reich Gottes" sucht man jedoch vergebens.[3] Das kann sicher auch als Symptom verstanden werden, daß sich der christliche Wortschatz lautlos aus der Öffentlichkeit abmeldet.
Das ist nicht unerheblich, denn die neutestamentliche Wissenschaft ist sich im Wesentlichen einig: „Jesu Wirken kreist um einen faszinierenden Begriff. Auf ihn ist alles bezogen und von ihm strahlt alles aus. Diese Mitte ist das Reich Gottes".[4] Es ist gleich, ob vom Reich Gottes die Rede ist, wie im Markus- und Lukasevangelium, oder vom Himmelreich, wie im Matthäusevangelium. Der Sinn ist derselbe, wenn-

gleich noch keine Klarheit erreicht werden konnte, welche Inhalte Jesus jeweils mit der Verkündigung des Reiches Gottes verbunden hat. Es festigt sich aber die Auffassung, daß Jesus nicht vorrangig die große Erwartung für die Zukunft im Blick hat, wenn er vom Reich Gottes spricht, sondern die Bedeutung für die Gegenwart. Das ist besonders gut an seinen Gleichnissen zu erkennen.[5]
Jesus scheint auch nicht die Erwartungen der alttestamentlichen und frühjüdischen Apokalypsen, der Enthüllung der zukünftigen Geschehnisse und des Weltschicksals, aufzugreifen. Diese Apokalypsen kündigen in der Regel an, daß das Reich Gottes als politische Herrschaft kommen werde oder durch kriegerische Aktionen herbeigeführt werden soll. Mit der zweiten Bitte des Vaterunsers, „dein Reich komme", wird der christlichen Gemeinde wohl eher ans Herz gelegt: Das Reich Gottes soll herbeigebetet, aber nicht im Sinne der zeitgenössischen Apokalypsen mit politischen Aktivitäten aufgerichtet werden.[6]
Die frühe christliche Gemeinde hielt an der Überzeugung fest, daß mit Jesus das Reich Gottes schon da ist und seit Ostern im Glauben erfahren werden kann. In der Fülle und in aller Öffentlichkeit wurde das Reich Gottes erst mit der Wiederkunft Jesu erwartet. Nur die letzte Schrift des Neuen Testament, die Offenbarung des Johannes, erlaubt sich eine kräftige Anleihe bei der spätantiken jüdischen Apokalyptik. Im 20. Kapitel wird die Vorstellung aufgegriffen, daß tausend Jahre vor der endgültigen Vernichtung des Satans und dem Anbruch des Reiches Gottes in ganzer Fülle ein messianisches Zwischenreich kommt. Der Satan wird gefesselt, und Christus übernimmt mit denen, die ihm in der Verfolgung treu geblieben sind, die Herrschaft auf Erden. Nach dem griechischen Wort für tausend, chilioi, wird diese Auffassung Chiliasmus genannt.[7]
Vereinfacht gesagt, existierten schon früh in der Geschichte der Kirche zwei Auffassungen über das Reich Gottes. Die Hauptlinie wird von der Überzeugung vertreten, daß das Reich Gottes mit Jesus zeichenhaft angebrochen ist, in der Fülle aber erst bei seiner Wiederkunft am Ende der Tage erwartet wird. Daneben gibt es auch die Meinung, dem endgültigen Reich Gottes geht ein Zwischenreich von tausend Jahren voraus, in dem den wahren Christen Macht und Herrschaft übertragen werden. Immer wieder ließen sich christliche Gruppierungen und einzelne Theologen von der chiliastischen Nebenlinie der Reich-Gottes-Erwartung inspirieren.[8] Schließlich setzte sich Augustinus ausführlicher mit diesen geschichtstheologischen Gedanken auseinander. Er bezog in seinem Werk „Über den Gottesstaat" das tausendjährige Reich auf die Zeit der Kirche. Wenngleich sie noch zum endgültigen Reich Gottes unterwegs sei und Gott nach Matth. 13,39 f. das Unkraut zusammen mit dem Weizen wachsen lasse bis zur Ernte, heiße „jetzt schon die Kirche sein Reich oder das Himmelreich", schreibt er im 9. Kapitel des 20. Buches.[9]
Augustin selbst hat die vorfindliche Kirche nicht einfach mit dem Reich Gottes gleichgesetzt. Diesen Schritt haben erst spätere Vertreter der Kirche vollzogen. Seine Überzeugung von der engen Beziehung zwischen Reich Gottes und Kirche hat jedoch das ganze Mittelalter geprägt.[10] Bei den Mystikern kam daneben die Überzeugung auf, es sei wichtig, Gott persönlich im Innersten, in der Seele zu erfahren.

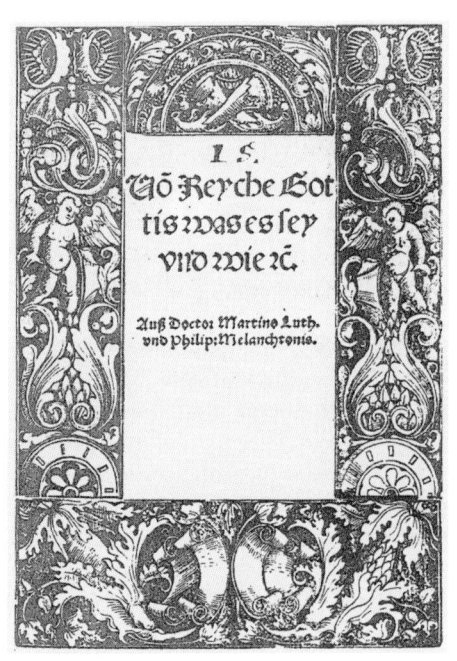

Martin Luther und Philipp Melanchthon,
Vom Reich Gottes, Wittenberg 1534

Da vor allem werde man des Gottesreiches teilhaftig. Johannes Tauler forderte deshalb seine Leser auf: „Der das Reich (Gottes) finden will - das ist Gott mit allem seinem Reichtum und in seinem selbsteigenen Wesen und Natur - die mußt du dort suchen, da sie sind, in dem innersten Grunde, da Gott der Seele näher und inwendiger ist als sie sich selber ist."[11]

Die chiliastische Reich-Gottes-Erwartung meldete sich ebenfalls immer wieder während des Mittelalters zu Wort, in spekulativen Schriften, prophetischen Weissagungen und bei sozialrevolutionären Bewegungen.[12] Von großem Einfluß war vor allem die geschichtstheologische Konzeption des kalabrischen Abtes Joachim von Fiore (ca. 1135-1202) von drei aufeinanderfolgenden Reichen. Sein trinitarisches Schema der Heilsgeschichte beginnt mit dem Zeitalter des Vaters oder des Gesetzes von Adam bis zur Geburt Jesu. Es wird abgelöst durch das Zeitalter des Sohnes oder des Evangeliums, das aber überlappend bereits mit dem alttestamentlichen König Asarja anhebt und bis zu Joachims naher Zukunft währt. Das 3. Reich des Heiligen Geistes setzt schon beim Propheten Elias ein, erhält noch einmal einen Schub durch den Ordensgründer Benedikt von Nursia und dauert bis zum Ende der Zeiten. Die Kirche wird während dieses Zeitalters vergeistlicht und somit völlig umgeformt.[13]

Als Beispiel für den revolutionären Chiliasmus wären die Taboriten zu nennen, die im 15. Jahrhundert in Tabor und anderen Bergstädten Böhmens eine Art Gottesstaat nach biblischen Grundsätzen anstrebten. Da sie bereits um die Mitte des 15. Jahrhunderts vernichtet wurden, ist die Quellenüberlieferung viel komplizierter, als eine vorwiegend ideologisch bestimmte Geschichtsschreibung der jüngsten Vergangenheit oft vorgab. Es ist alles andere als sicher, wieviel zur Zeit der Reformation noch von taboritischen Lehren einer breiteren Öffentlichkeit in Böhmen tatsächlich bekannt war. Das gilt erst recht für die deutschen reformatorischen Theologen.[14]

2. Martin Luthers Verständnis vom Reich Gottes

Luther kannte die kirchliche Überlieferung zum Reich Gottes, knüpfte an sie an und gab ihr sein eigenes Gepräge. Dem Begriff Reich Gottes gehört allerdings nicht sein Hauptinteresse. Die Reich-Gottes-Thematik ist vielmehr in unterschiedlichen Aussagen präsent, oft auch ohne ausdrücklich genannt zu werden. Für Luther ist vordringlich das persönliche Verhältnis zu Gott von Bedeutung. Es war die entscheidende Entdeckung seines Lebens, daß der Mensch nur zu Gott und damit ans Ziel seines Lebens gelangt, wenn er im Glauben die Vergebung annimmt, die ihm Christus zusagt, immer wieder, solange er lebt. Die eingangs erwähnte 4. der 95 Thesen erinnert an den lebenslangen Vorgang. Zugleich aber war sich Luther gewiß, wer die Vergebung Jesu erfahren hat, ist schon Bürger im verborgen gegenwärtigen Reich Gottes. „Das ganze Königreich Christi ist Vergebung der Sünden", konnte Luther in seiner Predigt über das Gleichnis vom Schalksknecht in Matthäus 18 am 1. November 1523 sagen.[15] Ein knappes Jahr später, am 23. Oktober 1524, begann er seine Predigt über dasselbe Gleichnis mit noch deutlicheren Worten: „Gottes Reich, dadurch er regiert über alle Gläubigen, ist nicht weltlich oder zeitlich, sondern geistlich, steht auch nicht in essen oder trinken, noch keinem äußerlichem Dinge, sondern nur in Rechtfertigung, Befriedung und Tröstung des menschlichen Herzens und Gewissens. Derhalben ists nichts anderes als Vergebung und Wegnehmung der Sünden".[16] Luthers ehemaliger Ordensbruder Wenzeslaus Linck gab diese Predigt 1525 unter dem Titel heraus: „Vom Reich Gottes, was es sei und wie etc." Im Vorwort weist er darauf hin, die Veröffentlichung sei wichtig, weil die Begriffe Himmelreich und Reich Gottes zwar allgemein bekannt seien, sich aber die meisten darüber Vorstellungen „auf jüdisch nach fleischlicher Art" machten. Dabei sei doch das Reich Gottes „im Geist ohne Stätte, Zeit, Personen etc. nur durch das Wort des Evangeliums zu erlangen."[17] Im Bauernkriegsjahr war das sicher auch als deutlicher Wink mit dem Zaunspfahl zu verstehen.

Wer seine Augen offen hielt und das Zeitgeschehen aufmerksam verfolgte, konnte auch andere Zeichen wahrnehmen. So erging es Luther. Er mußte feststellen, daß die grundstürzenden theologischen Erkenntnisse, die sich ihm um 1517 bei der intensiven Beschäftigung mit der Bibel eröffneten, bei den Verantwortlichen der Kirche nicht auf Verständnis stießen. Rom war nicht bereit, sich mit ihnen ernsthaft auseinanderzusetzen. Im Gegenteil, es wurde einiges darangesetzt, ihn mundtot zu machen. Da begannen apokalyptische Aussagen der Bibel für Luther neu zu sprechen. Er hat berichtet, daß es ihm wie ein Schauer den Rücken hinunterlief, als sich ihm die Ahnung zur Gewißheit verdichtete, auf dem päpstlichen Thron in Rom hat wohl gar der Antichrist Platz genommen. Das würde ja bedeuten, daß die Geschichte der Menschheit beschleunigt auf ihr Ende zulaufen würde.[18] Man hat gemeint, für Luther sei das wie eine zweite reformatorische Entdeckung gewesen.[19] Die biblische Prophetie vom tausendjährigen Reich deutete er jedoch nicht endgeschichtlich, sondern kirchengeschichtlich. Zugespitzt ist gesagt worden, „das Tausenjährige Reich liegt in der Vergangenheit".[20] Nach Luthers Verständnis hat mit der Offenbarung des Johannes die tausendjährige Zeit der Verfolgung, der Irrlehre und der Bewährung eingesetzt. Nachdem nun das Evangelium wieder in seinem alten Glanz aufleuchtet, hat auch der entscheidende Gegenangriff des Antichrist begonnen. Niemand weiß, wie lange er währen wird. Mit dem neu entdeckten Evangelium ist das Reich Gottes schon da, aber in verborgener Weise. Sichtbar wird es erst am Jüngsten Tag, wenn das verborgene durch das offenbare Reich Gottes aufgehoben wird.

Bis dahin ist Kampfzeit. Das Reich Gottes befindet sich im Handgemenge mit dem Antichrist, der sein zerstörerisches Werk am liebsten in einer Art Friedhofsruhe vollenden möchte. Doch dagegen ruft Christus seine Streiter auf den Plan, die allein mit der Waffe des verkündigten Evangeliums, also gewaltlos, anzutreten haben. Das schafft Unruhe genug, einen heilsamen Aufruhr, wie Luther 1525 in „De servo arbitrio" Erasmus von Rotterdam entgegenhält. Nur zu gern möchte Erasmus ausgleichen. Er meint, Rom und Wittenberg müßten sich doch einigen können. Wenn die schlimmsten Mißbräuche in der Kirche abgestellt würden, könnte doch wieder Frieden einkehren. Luther dagegen ist überzeugt, hier stehe mehr auf dem Spiel. Er entgegnet: „Denn das Wort Gottes kommt, um die Welt zu wandeln und zu erneuern, so oft es kommt ... Und wenn ich nicht diese Unruhe sähe, würde ich sagen, das Wort Gottes sei nicht in der Welt. Jetzt, da ich es sehe, freue ich mich von Herzen ..., da ich ganz sicher bin, daß das Reich des Papstes mit dem, was ihm anhängt, zusammenstürzen wird ... Höre auf zu klagen, höre auf zu heilen, dieser Aufruhr ist aus Gott entstanden und angerichtet".[21] Wohlbemerkt, Luther spricht vom gewaltlosen Aufruhr durch das Wort Gottes. Im Bauernkriegsjahr waren das dennoch recht verfängliche Sätze.

Apokalyptische Klänge fehlen demnach durchaus nicht bei Luther. Er leitet sie aus entsprechenden Aussagen der Bibel ab, meint aber, es gälte Prioritäten zu setzen, um eine Verwirrung der Gemeinde zu vermeiden. Diese soll sich zuerst an die klaren Worte Christi halten. Er weist in diesem Zusammenhang auf Johannes 18,36 hin: „Mein Reich ist nicht von dieser Welt". Das Reich Gottes gehört für Luther auf die Seite des verborgenen Gottes, zur Theologie des Kreuzes. Christen bleiben nach seiner Sicht auch als Bürger des Reiches Gottes Gerechte und Sünder zugleich. Christus selbst erst macht dieser Spannung ein Ende, wenn er wiederkommt und das Reich Gottes in Hülle und Fülle anbricht.

Luther rechnet nicht einmal damit, für eine neue tiefgegründete und zugleich unkomplizierte freie Gestaltung der Gottesdienste genügend Leute zusammenbringen zu können, „die mit ernst Christen zu seyn begehrten." Das schreibt er in der Vorrede zu seiner Deutschen Messe von 1526.[22] Erst recht sah er sich zu einem nüchternen Urteil genötigt, wenn er seinen Blick auf das allgemeine bürgerliche Leben richtete. Luther war überzeugt, daß Christus für die Zeit seines verborgenen Reiches die Herrschaft über die weltlichen Angelegenheiten treuhänderisch der Obrigkeit übergeben habe. Das sei zwar eigentlich eine Notlösung, sie sei aber um der Ordnung und um des Friedens willen unverzichtbar. Bis zum vollen Anbruch des Reiches Gottes unterstehe jeder Christ somit zwei Regimenten, dem offenbaren, das der linken Seite Gottes zuzuordnen ist, also der Obrigkeit für alle weltlichen Angelegenheiten und dem verborgenen Regiment zur Rechten Gottes, das den Glauben und alle damit zusammenhängenden Fragen betrifft. Jeder Christ sei verpflichtet, diese doppelte Verantwortung zu unterscheiden und entsprechend zu praktizieren. Der Prediger habe hierbei zu raten und zu helfen. Aller Vermischung weltlicher und geistlicher Zuständigkeit sei zu widerstehen.[23]

Versuche dieser Art kehrten immer wieder. Sie gehörten zu den Kampfmethoden des Satans, um das Licht des Evangeliums auszulöschen. Er gehe immer wieder nach dem gleichen Schema vor. In einem ersten Anlauf versuche er, das Evangelium mit Gewalt zu unterdrücken. Erreiche er damit nicht sein Ziel, werfe er „falsche propheten und yrrige geyster auff". Im Falle der reformatorischen Bewegung wiederhole sich dieses böse Spiel. Da greifen zunächst „Bapst / Kayser / Ko(e)nige / vnd Fu(e)rsten mit der faust an / vnd wo(e)llens mit gewallt dempffen". Da aber der Satan „merckt / das solchs toben nicht wird durch dringen ... fehet ers nu auch an / mit falschen geystern vnd secten". Mit diesen geschichtstheologischen Ausführungen beginnnt Luther seine erste große Auseinandersetzung mit den Kritikern im eigenen Lager, seinen „Brief an die Fürsten zu Sachsen von dem aufrührerischen Geist" vom Juli 1524.[24] Er enthält die öffentliche Kampfansage gegen Thomas Müntzer und dessen Proklamation des Reiches Gottes.

3. Thomas Müntzers Verständnis vom Reich Gottes

„Müntzer war nicht ein unrealistischer Utopist, der ein zukünftiges fernes Reich Gottes erwartete, sondern vielmehr war er ein aktiver Kämpfer und ein realistisch-revolutionärer Theologe, der ein irdisches Reich Gottes in der Geschichte zu realisieren versuchte." Diese Auffassung wird in der bislang einzigen ausführlichen Untersuchung zum Thema vertreten. Der Autor, Kee Ryun Kim, weist zwar auf die Schwierigkeit hin, „die Vorstellung Müntzers über das Reich Gottes bezüglich auf seine ganze Theologie eindeutig zu rekonstruieren", gelangt aber dennoch zu dem zitierten klaren Ergebnis.[25] Er begibt sich damit in den Hauptstrom der Müntzerliteratur, der wissenschaftlichen genauso wie der für breitere Leserkreise. Von jeher gehörte die Meinung, daß Müntzer das Reich Gottes auf Erden errichten wollte, nahezu zur opinio communis, zur allgemeinen Überzeugung.[26] Bedenken gegen diese Vereinfachung, wie sie bei den zentralen Studienseminaren des Bundes der Evangelischen Kirchen in der DDR 1975 aus Anlaß des 450. Todestages Thomas Müntzers dagegen erhoben wurden, konnten wenig ausrichten.[27] Neben zeitbedingten Ursachen dürfte oft genug eine unzureichende Quellenkenntnis hierfür verantwortlich sein. Letztlich sind die Schwierigkeiten, Müntzers Auffassung vom Reich Gottes eindeutig zu bestimmen, wohl in seinen Äußerungen selbst begründet. Nirgends hat er seine apokalyptischen Vorstellungen im Zusammenhang dargestellt. Stets hat er aus einer bestimmten Situation heraus und mehr andeutend hierzu das Wort ergriffen. Er hat sich offenbar darauf verlassen, daß seine Hörer und Leser seine Anspielungen auf entsprechende Bibelstellen und Anleihen bei der apokalyptischen kirchlich-theologischen Überlieferung verstehen können. Die Forschung hat diesen Tatbestand erst in der jüngsten Zeit ernst genommen. Am tiefsten hat der Münchner Kirchenhistoriker Reinhard Schwarz spätmittelalterliche Quellen befragt. Er konnte eine erstaunliche Ähnlichkeit von chiliastischen Vorstellungen bei den Taboriten und bei Müntzer aufzeigen. Den Nachweis, daß Müntzer tatsächlich diese Gedanken der taboritischen Überlieferung entnommen hat, mußte Schwarz schuldig bleiben. Die Quellen schweigen zu diesen Fragen.[28]

Es ist schon bemerkenswert, daß die Begriffe „Reich Gottes" und „Himmelreich" bei Müntzer verhältnismäßig wenig vorkommen. Überwiegend handelt es sich um liturgische Stücke seiner Gottesdienstordnungen und um zitierte biblische Texte.[29] Vermutlich erklärt sich das zunächst aus dem Tatbestand, daß Müntzer genauso in der Tradition Augustins stand wie Luther. Weiterhin ist zu bedenken, daß in der Verkündigung Jesu, wie erwähnt, die gegenwärtige Entscheidung für das Reich Gottes im Mittelpunkt stand und nicht die Ankündigung für die Zukunft. Daran kam auch Müntzer nicht ohne weiteres vorbei, wenn er sich auf biblische Texte bezog. Es existiert aus seiner Feder eine längere lateinische Auslegung des Gleichnisses vom Schalksknecht aus Matthäus 18,23-35. Wahrscheinlich wurde es 1521 gegen Ende seiner Zwickauer Zeit niedergeschrieben. Wie Luther weist Müntzer als reformatorischer Theologe darauf hin, daß die Summe des Gleichnisses mit der 5. Bitte des Vaterunsers, „vergib uns unsere Schuld", übereinstimme. Die Androhung der Strafe für diejenigen, die anderen die Vergebung verweigern, ergeht allerdings in schärferen Worten als bei Luther. Dann blitzt plötzlich bei Müntzer ein Gedanke auf, der bei Luther fehlt und für den es auch keinen Anhaltspunkt im biblischen Gleichnis gibt: „Der Herr wird mit denen, die ihre Sünden erkennen und anderen vergeben, die ganze Welt richten".[30] Wahrscheinlich meint Müntzer hier das Endgericht und nicht das Gericht zu Beginn des Tausendjährigen Reiches. Sicher ist das jedoch nicht. Ein besonderes Interesse für den Ernst des Gottesgerichts meldet sich hier aber auf jeden Fall.

Als Müntzer im Frühjahr 1521 sein Zwickauer Predigeramt im Konflikt mit dem reformationsoffenen humanistischen Prediger Johannes Egranus verloren hatte, bedrängte ihn zunehmend die Gewißheit, die Geschichte der Menschheit laufe rasant auf ihr Ende zu.[31] Er glaubte, Gott werde bald Schluß machen mit einer Christenheit, in der sich nach dem Tod der Apostelschüler die Korruption breit gemacht habe und der bloß angelernte („gedichtete") Glaube bestimmend geworden sei. Wer

> Das Ampt auff das Abuent
> Auff das abuent zur Metten hebt der Prie
> ster also an. Got sey vnser hülff vmb seynes namens willen.
> Antwort. Der So geschaffen hat Hymel vñ erden. Darnach
> der priester widder. O got thu auff meynelippen. Antwort.
> Und laß meynen mundt deyn lob vorkündigen. Darnach der
> priester widder. O got steh mir bey in meyner not. Antwort.
> Herr kum mir schwinde zu hülffe. Ehre sey dem vater vnnd
> dem sone vnd dem Heylgen geyste. Als es war jm anfang ye
> tzundt vnd ymmer vnd von ewigkeyt zu ewigkeyt, Amen.
> Das Inuitatorium.
>
> Kumpt war es kump
> got vn ser kü nig
> Last vns entgegen geßn vnserm

Thomas Müntzer, Ordnungen für die Wochengottesdienste (Advent);
Eilenburg 1523/24

dem Willen Gottes nicht entspreche, werde in Kürze in die Hände der Türken, der Boten des Antichrists, fallen. Christus aber werde „das reich dysser welt geben seinen auserwelten in secula seculorum", verkündet Müntzer in aller Offenheit am Schluß der letzten Fassung seines sogenannten Prager Manifests vom 25. November 1521.[32] Er meinte, in Böhmen müßte die neue gereinigte Kirche, die den apokalyptischen Ereignissen standhalten könnte, ihren Anfang nehmen. Die Ernüchterung folgte aber auf dem Fuß. Seine Botschaft wurde abgewiesen. Er selbst soll unter Aufsicht gestellt worden oder gar in Lebensgefahr geraten sein. Es blieb Müntzer nichts anderes übrig, als Böhmen den Rücken zu kehren.

Der Türkenansturm als apokalyptisches Strafinstrument bewegte die grübelnden Zeitgenossen auch sonst, bis hin zu Luther.[33] Bei Müntzer ist nicht wieder davon die Rede. Das drohende Gericht über Kirche und Welt ist damit nicht aus dem Blick, nur die Atemlosigkeit, in der es durch Müntzer angekündigt wurde, hat sich etwas gelegt. Um 1522/23 scheint Müntzer die Zeichen der Zeit neu gedeutet zu haben. Er ist zu dem Ergebnis gelangt, daß der Christenheit noch eine gewisse Frist gegeben ist, die sie zu nutzen hat. Ähnlich Luther pocht Müntzer nun darauf, daß das Reich Gottes bei jedem Christen zum Zuge kommen müsse. Als hellsichtiger Vertreter der jüngeren Reformatoren beunruhigt ihn stärker die Sorge, der Glaube als Vertrauensakt allein könnte nicht tief genug greifen. Der alte Schlendrian würde sich bald wieder einschleichen. Müntzer knüpft deshalb an den biblischen Gedanken der Nach-

folge Jesu an. Er weist immer wieder darauf hin, daß es nicht genügt, an Jesus zu glauben, jeder müsse sich auf einen Weg mit Jesus begeben und sich dabei auch das Leiden nicht ersparen. Äußerlich gesehen kann das in allerlei Schwierigkeiten, in Krankheit und Verfolgung bestehen. Auf die innere Haltung bezogen heißt das: Abwenden vom Wohlleben und erst recht von Sünden, Unterwerfung unter Gottes Willen, Anfechtungen ertragen, einschließlich der Verzweiflung an Gott. Erst wenn der Tiefpunkt des Leidens erreicht ist, wird Gottes Nähe spürbar erfahren. Nun richtet Christus seine Herrschaft im Herzen des wahrhaft Gläubigen auf.[34]
Nach Müntzers Überzeugung braucht Christus solche Gläubige, solche Auserwählte, wenn er dann auch äußerlich das Regiment übernehmen will. Als sich Müntzer am 18. Juli 1523 von Allstedt aus an Gesinnungsfreunde in seiner Heimatstadt Stolberg mit einer Auslegung des 19. Psalms wendet, ist dort der Kernsatz zu lesen: „Das rechte regeren Christi mus volzogen werden nach aller entplossung der zyrde der werlt, dan kumpt der Herre unde regert und stösth dye tyrannen zu bodem".[35] Müntzer läßt sein Schreiben als Sendbrief drucken. Seine erste Druckschrift ist eine Warnung vor eigenmächtigem vorzeitigem Aufruhr, der nicht durch Gottes erklärten Willen gedeckt ist. Das besagt das Titelblatt unmißverständlich: „Ein ernster sendebrieff an seine lieben bruder zu Stolberg, unfuglichen auffrur zu meiden."[36] Vermutlich hat Müntzer auch aus diesem Grund den oben zitierten Kernsatz nicht mit in die Druckfassung übernommen. Er wollte Mißverständnisse vermeiden. Deutlich ist, daß er nicht vom ewigen Reich Gottes spricht, sondern vom tausendjährigen Zwischenreich nach Offb. 20. Weniger deutlich ist, daß er nicht an zwei aufeinander folgende eigenständige Perioden zu denken scheint: Zunächst gibt es die Christusherrschaft in den Herzen der Gläubigen; erst wenn sie ein erhebliches Ausmaß erreicht hat, tritt sie auch öffentlich in Erscheinung. Beide Herrschaftsweisen Christi scheinen sich in Müntzers Vorstellungen vielmehr zu verschränken: Die Christusherrschaft ist in den Auserwählten bereits existent. Diese sollen Gemeinden von Auserwählten bilden, Zentren einer neuen gereinigten Kirche, die auf die Welt ringsum ausstrahlen.[37] Das öffentliche tausendjährige Zwischenreich entsteht so noch nicht. Es wird gewissermaßen nur das Gelände dafür vorbereitet. Gott behält das Heft in der Hand. Er bestimmt Zeitpunkt und Weise, wann und wie Christus seine tausendjährige Herrschaft mit dem Gericht über die Gottlosen einleitet. Diese ist nicht zu verwechseln mit dem ewigen Reich Gottes, das erst am Ende der Zeiten folgt. Wie bereits angedeutet, konnte Müntzer gar nicht die Absicht haben, mit seinen Aktionen das Reich Gottes auf Erden zu errichten. Er hätte ja damit Gott ins Amt gegriffen. Das ist von Müntzers Gottesverständnis her kaum vorstellbar. Folgerichtig verstand er sich in der Rolle des prophetischen Wegbereiters, des Täufers Johannes, der „figur aller prediger", wie er ihn in seiner „Ausgedrückten Entblößung" nannte.[38]
Müntzer hat demzufolge keine Topographie für ein Gottesreich auf Erden entworfen. Punktuelle Äußerungen zu politischen Zielen, zur Begrenzung der obrigkeitlichen Repräsentation, zur Gütergemeinschaft oder zur Eroberung eines Herrschaftsgebietes von Mühlhausen aus, finden sich nur in Verhöraussagen.[39] Sie sind sorg-

fältig zu interpretieren, denn sie stehen teilweise in Spannung zu anderen Aussagen. Vielleicht sollten sie für eine gewisse Übergangssituation gelten. Erst recht schwierig ist Müntzers Verhörsaussage zu deuten: „Im Clegkaw und Hegaw bey Basell habe er etliche artigkel, wye man herschen soll aus dem ewangelio angeben, daraus furder andere artigkel gemacht". Das Verhältnis zum sogenannten Verfassungsentwurf, der in den Papieren des Waldshuter Reformators und Täuferführers Balthasar Hubmaier gefunden wurde, hat sich noch immmer nicht befriedigend klären lassen.[40] Erwägungen über reale Veränderungen sind bei Müntzer durchaus vorstellbar. Wenn nicht alles täuscht, konzentrierte er aber seine Kräfte vor allem darauf, der Ankunft des Tausendjährigen Reiches den Weg zu bereiten. An seiner Tätigkeit als Prediger im kleinen kursächsischen Amt Allstedt vom Frühjahr 1523 bis zum Sommer 1524 läßt sich das ablesen. Es ging ihm gewiß nicht nur darum, das Ackerstädtchen von reichlich tausend Einwohnern zu einem Gegen-Wittenberg umzugestalten, wie der Historiker Carl Hinrichs meinte.[41] Er wollte vielmehr die Reformation Luthers „in ein besser weßen furen".[42] Hinter diesem Anspruch steht die Überzeugung, Luther habe versagt. Nun müsse er der Reformation überhaupt erst die Gestalt verleihen, die Gott zu der vorgerückten Stunde erwartet.

Erst in jüngster Zeit ist erkannt worden, daß Müntzer offenbar glaubte, in der Zeit der Vorbereitung sei punktuell die Grenze zum Tausendjährigen Reich hin schon fließend geworden. Die Energien des Tausendjährigen Reiches könnten in der Nachfolge Christi durch den Heiligen Geist jetzt schon vorausgreifend einwirken auf das Leben der Auserwählten.

Müntzer scheint der Auffassung gewesen zu sein, der gottesdienstliche Bereich biete für grenzüberschreitende Erfahrungen vielfältige Gelegenheiten. Es hat von jeher Verwunderung erregt, daß Müntzer seine Tätigkeit in Allstedt mit der reformatorischen Umgestaltung des gottesdienstlichen Lebens begann und daß er als Erster Wochen- und Sonntagsgottesdienste vollständig in deutscher Sprache hielt.[43] Er stellte die benötigten gottesdienstlichen Handbücher zusammen und ließ sie drucken. Die Texte übersetzte er größtenteils selbst, die gregorianischen Melodien übernahm er aus der reichhaltigen kirchlichen Tradition. Auch die Gemeinde erhält eine andere Funktion. Sie ist nicht mehr vorwiegend passiv, empfangend beteiligt, sondern sie ist selbst liturgisch handelnde Person. Im täglichen Wort- und im sonntäglichen Sakramentsgottesdienst wird der Glaube vorangebracht, kommt es zur Begegnung mit Christus.[44]

Der Allstedter Taufgottesdienst als Einführung in den Prozeß des Glaubens ist ebenfalls unter diesem Aspekt zu sehen. Müntzer forderte, daß die Paten ermahnt werden, „das sie sollen drauff achtung haben, was man bey der tauffe handelt, auff das sie es hernach dem kinde, so es erwechset, mugen vorhalten, und das die tauff mit der zeyt muge vorstanden werden".[45] Müntzer war skeptisch, ob die Paten ihrer Verpflichtung nachkommen und den Heranwachsenden die Taufe als Nachvollzug des Weges Christi erläutern würden. So plante er ein oder zwei Taufgottesdienste im Jahr für Kinder im kanonischen Unterscheidungsalter von sechs oder sieben Jahren und in Gegenwart „alles volks". Er hoffte, daß die Täuflinge dadurch „ein frisch ge-

Andreas Fabricius, Der Heylige Kluge und Gelehrte Teuffel
(Müntzer im Ärmel); Eisleben 1567

dechtnuß alle yr lebenlank dran hetten".[46] Eine enge Beziehung von Gottesdienst und Glaubenserziehung ist bei Müntzer auch sonst festzustellen. So hat er das spätmittelalterliche pädagogische Hilfsmittel der Tafelkatechismen aufgegriffen und die traditionellen Katechismustexte sichtbar im gottesdienstlichen Raum aufgestellt oder aufhängen lassen. Daran nahm der spätere Züricher Täuferkreis um Konrad Grebel Anstoß, weil es für diese Praxis kein biblisches Vorbild gab.[47]
Bei Müntzers Eheauffassung ist der Bezug zu chiliastischen Vorstellungen noch deutlicher erkennbar. In seiner liturgischen Rechtfertigungsschrift „Ordnung und Berechnung des Deutschen Amtes zu Allstedt" setzt der Abschnitt über die Trauung mit dem nachdrücklichen Hinweis ein: „Do halten wir keinen schertz nit". Dann folgt die Angabe der beiden biblischen Lesungen (Ps. 128 und Joh. 2,1-11) und die Mitteilung, daß dem Paar „ein unterrichtung" gegeben werde. Müntzer hat somit als Erster eine Traurede vorgesehen.[48] Er kritisiert Luthers Auffassung von der Ehe als „weltlich Ding".[49] Insbesondere sollte der Zeugungsakt, selbst der Zeitpunkt, von der Erwählungsgewißheit geprägt sein, da nichts weniger als eine „auserwählte Nachkommenschaft" (proles electa) auf dem Spiel steht. So befremdlich heute diese

73

Gedanken sind, Müntzer konnte an ähnliche Überlegungen bei den Kirchenvätern anknüpfen. Die chiliastischen Hoffnungen, die Folgen des Sündenfalls könnten für eine neue Generation unterlaufen werden, hat nicht erst bei Müntzer ihren Ursprung.[50] Das gilt selbst für die Erwartung einer schmerzlosen Geburt, nachdem der Fluch von 1. Mose 3,16 aufgehoben würde.[51] Vermutlich muß auch Müntzers eigene Eheschließung und Familiengründung vor dem Hintergrund dieser Überzeugungen verstanden werden.[52] Möglicherweise hat Müntzer ansatzweise die chiliastische Vorstellung einer umfassenderen Überwindung des Leides vertreten. Dem, der sein Herz „von dem ancleben disser welt durch iamer und smerzen abgeryschen" und der sich von der Verfallenheit an die Kreaturen ganz und gar gelöst hat, stellt er „vil fuglicher gute tage" in Aussicht. Die Dimension dieser Metapher deutet er mit dem Hinweis auf die Überlieferung von der Entrückung des Evangelisten Johannes, Elias und Henochs an.[53]

Das Verhältnis zu den Kreaturen, zu den weltlichen Dingen aller Art, die den Menschen faszinieren und gefangen nehmen, hat sich nach Müntzers Überzeugung jetzt schon zu ändern. An vorderer Stelle steht der Umgang mit dem Eigentum. Müntzers Attacken gegen Wucher, Zinsen und Abgaben sind unter diesem Aspekt zu sehen.[54] Durch eigensüchtigen Gebrauch des Eigentums sei „das reich und gerechtigkeit Gottes" von Anfang an verhindert worden, schreibt Müntzer wenige Tage vor seinem Zug nach Frankenhausen an die Eisenacher, die den Hauptmann der Aufständischen aus dem Werratal samt Kriegskasse in ihre Gewalt gebracht haben.[55] Wie auf viele seiner Zeitgenossen ist der biblische Gedanke der Gütergemeinschaft von Apg. 4,32-37 auch auf Müntzer nicht ohne Einfluß geblieben. Eindeutig ist das allerdings nur als Absichtserklärung in seinem Folterbekenntnis belegt.[56] Die Auffassungen der antiken Philosophen, der Kirchenväter und die naturrechtlichen Gedanken der scholastischen Theologen zur Gütergemeinschaft waren ihm mit Sicherheit ebenfalls bekannt. Wegen der schwierigen Quellenlage läßt sich jedoch Müntzers Position zu dieser Thematik, vor allem die mögliche chiliastische Komponente, nicht genauer bestimmen.[57] Nachweisbar ist jedoch, daß er während der Allstedter Tätigkeit nicht zu praktischen Experimenten in der Eigentumsfrage übergegangen ist. Seine engsten Anhänger, die Bundmeister, verhielten sich beim Immobilienerwerb nicht anders als die Allstedter Bürger sonst.[58]

Wichtiger als ein chiliastischer Vorgriff auf das Verhältnis zum Eigentum sind Müntzer die menschlichen Beziehungen. In seiner Sicht sind sie als Folge des Sündenfalls hierarchisch geordnet und werden von „Menschenfurcht" bestimmt. Wenn sich die Auserwählten in der Nachfolge des „bitteren Christus" davon freimachen und zur „Furcht Gottes" hindurchdringen, hat das Folgen für die Herrschaft von Menschen über Menschen.[59] Als sich Müntzer im Herbst 1523 brieflich bei seinem Landesherrn Kurfürst Friedrich dem Weisen gegen Anklagen von seiten Graf Ernsts von Mansfeld verteidigen muß, weist er darauf hin, daß alle weltliche Herrschaft von Gott nur ein Mandat auf Zeit erhalten hat. Sie bleibt nur solange in Geltung, wie die irdische Ordnung besteht. Diese Gedanken entsprachen der biblisch-theologischen Tradition und waren dem Kurfürsten vertraut. Neu war ihm sicher, daß sie ihm in propheti-

schem Gestus präsentiert wurden, verbunden mit dem Hinweis, die Wende sei nahe und es sei seine Aufgabe, die wahrhaft Glaubenden zu schützen.
In aller Deutlichkeit macht Müntzer den Kurfürsten darauf aufmerksam, nur dann könne er hoffen, daß Christus „am tage seyns grimmes (wann er dye schaff selbers weyden wil und vortreiben dye wilden thyre von der herde) das ehr gnediklichen zurbreche dye kunige".[60] Als die Allstedter Gemeinde und die auswärtigen Gottesdienstbesucher von den altgläubigen Obrigkeiten der Umgegend bedrängt werden, geht Müntzer einen Schritt weiter. Er fordert von seinen Landesherren, Kurfürst Friedrich und Herzog Johann, nicht nur Schutz, sondern verkündet ihnen, mit anderen Auserwählten gehörten sie zu den Schnitterengeln der Ernte Gottes. Durch ihr Amt sei ihnen eine besondere Aufgabe zugedacht. Wenn der Zeitpunkt gekommen sei, daß die Auserwählten von den Gottlosen geschieden werden müßten, sei es ihre Pflicht, die Gottlosen zu vernichten.[61]
Müntzer scheint ernsthaft damit gerechnet zu haben, daß sich die kursächsischen Fürsten dem von ihm verkündigten Gericht zu Beginn des Tausendjährigen Reiches zur Verfügung stellen würden. Die Vernichtung der Gottlosen hätte dann in geordneter Form und schadensbegrenzend durchgeführt werden können. Da sich die ernestinischen Fürsten dieser Aufgabe verweigerten, hält Müntzer nach anderen Erntehelfern Gottes Ausschau. Bereits in der Woche nach seiner berühmten „Fürstenpredigt" vor den Herzögen Johann und Johann Friedrich steht für ihn fest, daß die Fürstenmacht jetzt auf ihr Ende zusteuert. Dem kurfürstlichen Beamten für das Amt Allstedt, dem Schosser (Steuereinnehmer) Hans Zeiß, schreibt er am 22. Juli 1524, die Gewalt werde „in kurzer zeyt dem gemeinen volk gegeben werden".[62] Wie zuvor in Süddeutschland und in Hessen, bricht Ende April 1525 der Aufstand auch in Thüringen aus. Nun glaubt Müntzer zu wissen, welches Erntewerkzeug sich Gott endgültig für die große Scheidung zwischen Auserwählten und Gottlosen erwählt hat. „... fanget an und streytet den streyth des Herren! Es ist hoch zeyth, haltet eure bruder alle darzu ... der meyster will spiel machen, die boeswichter müssen dran", fordert Müntzer in dem wohl bekanntesten Schriftstück aus seiner Feder, seinem Sendbrief an die Allstedter Bundesführer von Ende April 1525.[63] Nun wiederholt er den Satz öfter, daß die Gewalt dem allgemeinen Volk übergeben werde. Er schreibt ihn an die Eisenacher und die Erfurter. Gegenüber Graf Albrecht von Mansfeld bringt er ihn ebenfalls ins Spiel. Jedesmal fügt er auch die Quelle hinzu, auf die er sich gründet, die von ihm chiliastisch verstandene Aussage von Daniel 7,27, daß die Herrschaft auf Erden dem Volk der Heiligen des Höchsten gegeben werden soll.[64]
Der Ausgang ist bekannt. Vor der Schlacht bei Frankenhausen hat Müntzer den versammelten Aufständischen in Predigten das Strafgericht durch die Gottesstreiter angekündigt und sich auf diese Stelle im Prophetenbuch des Daniel berufen. Es gilt als sicher, daß er damit den Anbruch des Tausendjährigen Reiches proklamiert hat. Zweieinhalb Jahre später hat das sein Anhänger Hans Hut als Zeuge der Geschehnisse in einem Verhör zu Protokoll gegeben.[65] Müntzer ist auch nach dem Debakel nicht unsicher geworden. Der Gedanke, ihm sei eine Fehldeutung unterlaufen, scheint ihm fremd gewesen zu sein. Das belegt sein Abschiedsbrief an die Mühlhäu-

ser. In ihm bringt er zum Ausdruck, daß er das Todesurteil als eine Verfügung Gottes akzeptiere, die ergangen sei zur „erstattung etzlicher mißbreuch" des Volkes, das ihn nicht richtig verstanden habe, sondern „alleyn angesehen eygen nutz".[66] Eine derartige Deutung ist auch sonst von Apokalyptikern bekannt, deren Ankündigungen durch die reale Entwicklung nicht bestätigt worden sind.

Für Luther war dieses Ende Müntzers nicht Folge eines Irrtums oder einer Selbsttäuschung. Noch vor Müntzers Hinrichtung veröffentlichte er einige Dokumente aus den letzten Tagen des Aufstandes, vor allem Müntzers Mahn- und Drohbriefe an die Grafen Albrecht und Ernst von Mansfeld, in denen auch Daniel 7,27 als Legitimation zitiert wird. Er gab der Flugschrift den Titel: „Eine schreckliche Geschichte und Gericht Gottes über Thomas Müntzer, darin Gott öffentlich desselbigen Geist Lügen straft und verdammt". In der Einleitung fällt Luther das Urteil: Nun sei es an den Tag gekommen, daß Müntzer „under Gottes namen durch den teuffel geredt und gefaren hat".[67] Diese Sicht wurde sofort in 11 Drucken von Wittenberg (1), Leipzig (3), Erfurt (2), Nürnberg (1), Augsburg (1), Regensburg (1), Speyer (1) und Straßburg (1) aus verbreitet.[68]

Müntzer war mit seiner Verkündigung des Reiches Gottes für mehr als vierhundert Jahre diskreditiert, zumindest in Theologie und Kirche. Er stimmte zwar mit Luther überein, daß das Reich Gottes nach den biblischen Aussagen in den Gläubigen und in der Gemeinde bzw. Kirche bereits vorhanden sei, aber endgültig erst nach dem Jüngsten Gericht erwartet werde. Mit seiner Verkündigung eines tausendjährigen Zwischenreiches auf Grund von Offenbarung 20,1-6, in dem Christus durch seine Auserwählten die Herrschaft ausüben werde, schlug Müntzer einen Sonderweg ein, den Luther nicht mitging. Wenn auch nicht gleichgewichtig, so gehören doch beide Stränge der Verkündigung des Reiches Gottes zur reformatorischen Tradition der Anfangszeit. Diese doppelte Tradition hat auch die Geschichte der Kirche danach geprägt.

4. Ein Blick in die Nachgeschichte

Als Bartholomäus Ringwaldt, Pfarrer in Langenfeld/Neumark, in seinem Lehrgedicht „Die lauter Warheit" 1586 ein Bild des wahren Christen entwarf, stellte er auch das Reich Christi mit folgenden Versen vor:

> *Daß in dem Reich deß Herren Christ/*
> *Das Creutz die best besoldung ist/*
> *Vnd wird durch leiden eingenomn/*
> *Wie es auch Christus hat bekomn.*
> *Derhalben wie der Werlet freundt/*
> *Weichling vnd Epicurer seind/*
> *Vnd bey den Menschen suchen ruhm/*
> *Die tuegen nicht zum Christenthumb.*[69]

Die Gegenwart des Gottesreiches kann im Glauben erfahren werden, in einem frommen Christenleben, das auch das Leiden in Geduld erträgt. Dieses Verständnis war prägend in der nachreformatorischen Frömmigkeit. Die Gesangbuchlieder geben vielfach davon Zeugnis.
Der Chiliasmus, die Erwartung eines tausendjährigen irdischen Friedensreiches, ist jedoch nicht mit Münzer untergegangen. Sie hat noch im 16. Jahrhundert dramatische Nachwehen hervorgerufen. Am bekanntesten ist das gescheiterte Experiment des Täuferreiches von Münster 1534/35.[70] Im radikalen Pietismus, besonders gegen Ende des 17. Jahrhunderts durch das Ehepaar Johann Wilhelm und Johanna Eleonora Petersen vertreten, erregte die chiliastische Erwartung nach Offenbarung 20 erneut größere Aufmerksamkeit.[71]
Weitaus anhaltender und einflußreicher konnte sie ihre Wirkung entfalten, als ihr spekulativer Gehalt von der geistesgeschichtlichen Bewegung der Aufklärungszeit aufgegriffen, säkularisiert und mit dem Fortschrittsgedanken verbunden wurde. Dieser neue säkularisierte Chiliasmus fand unterschiedlichen Niederschlag in Gotthold Ephraim Lessings „Erziehung des Menschengeschlechts" genauso wie in Immanuel Kants philosophischer Darstellung der Idee eines ewigen Friedens. In den philosophischen Systemen des 19. Jahrhunderts, bei Johann Gottlieb Fichte, Georg Wilhelm Friedrich Hegel und Friedrich Wilhelm Joseph Schelling, werden die säkularisierten chiliastischen Erwartungen ebenfalls rezipiert.[72] Die Theologen fehlen keineswegs in dieser Traditionskette. Zu erinnern ist vor allem an Richard Rothe, dessen Gelehrtenlaufbahn als Professor am Wittenberger Predigerseminar begann. Seine dreibändige „Theologische Ethik", in der er die Vision einer Kirche darstellt, die einst in einem von christlichen Maximen geprägten Staat aufgehen wird, entstand zwar während seiner Heidelberger Tätigkeit, erschien aber von 1845-1848 in Wittenberg.[73]
Im amerikanischen Christentum konnte der Chiliasmus bereits im 18. Jahrhundert vielfältig Wurzeln schlagen. In Gestalt der religiösen Sondergemeinschaften der Mormonen und der Zeugen Jehovas hat er auch auf Europa eingewirkt. Die um die Jahrhundertwende aufkommende Bewegung des Social Gospel um Walter Rauschenbusch wird teilweise ebenfalls als Ausläufer eines säkularisierten Chiliasmus verstanden.[74]
Spektakulärer waren die Auswirkungen des säkularisierten Chiliasmus in politischer Gestalt. Wurde der Staat Hitlers vor allem auf Grund der historischen Abfolge als Drittes Reich verstanden, so schwang in diesem Begriff zugleich auch ein chiliastischer Anspruch mit. Hitler selbst übernahm am 1. September 1933 offiziell die Bezeichnung Drittes Reich für seinen Staat und verkündete, dieser werde tausend Jahre dauern.[75] Rassischer Ausrottungswille, Experimente zur Züchtung eines überlegenen nordischen Menschentyps und eine Vielzahl weiterer Vorhaben und Aktivitäten sind untrügliche Symptome eines politischen Chiliasmus. In den Kreisen der Deutschen Christen meldete sich sogar der Chiliasmus in seiner nichtsäkularisierten Form zu Wort. So vertrat beispielsweise der Dekan von Neubürg, Dr. Friedrich Megerlein, auf einer von Landesbischof Theophil Wurm am 16. November 1933 einberufenen

Dekansversammlung vehement die Meinung: „Es handelt sich um eine totale und radikale Umgestaltung, das Reich Gottes bricht an". Der Bischof wies darauf warnend auf die Identifizierung der politischen und der religiösen Bewegung durch Müntzer hin.[76]

Von weit längerer Dauer und weiterreichendem Einfluß war der politische Chiliasmus, den Karl Marx und Friedrich Engels propagierten. Ihre Lehre von einer gesetzmäßigen geschichtlichen Entwicklung basiert auf der chiliastischen Tradition, wenngleich sie mit dem Anspruch objektiver Wissenschaftlichkeit vorgetragen wurde. Eines Tages sollte die Klassengesellschaft völlig in eine klassenlose Gesellschaft übergehen, in der die Unterschiede zwischen gesellschaftlichem und privatem Eigentum, zwischen körperlicher und geistiger Arbeit, zwischen Stadt und Land, zwischen Fähigkeiten und Bedürfnissen und weiteren trennenden Eigenschaften und Lebensbedingungen überwunden würden. Sebst durch die trockenen Ausführungen über Sozialismus und Kommunismus im Philosophischen Wörterbuch, eines der maßgeblichen Handbücher des Marxismus-Leninismus, schimmern allenthalben alte chiliastische Vorstellungen.[77] Entsprechend hochgemute Zukunftsaussagen wurden immer wieder von den Medien verbreitet. So wurde beispielsweise 1965 in der Neuen Berliner Illustrierten behauptet, in der DDR seien die objektiven Bedingungen geschaffen worden, um die Kriminalität „nicht nur beharrlich zu senken, sondern eines Tages ganz auszurotten".[78]

Thomas Müntzer gehörte zu den Paten aus der revolutionären Tradition, die den sozialistischen Staat aus der Taufe hoben. Bei der wissenschaftlichen Konferenz zum Bauernkriegs-Müntzer-Gedenkjahr der Leipziger Universität 1975 stellte ein Pädagogikwissenschaftler fest: „Die Losung Müntzers: 'Die Gewalt soll gegeben werden dem gemeinen Manne' und der Artikel 2 unserer Verfassung: 'Alle Macht in der DDR wird von den Werktätigen in Stadt und Land ausgeübt', weisen die revolutionäre Traditionslinie aus".[79] Im Gegensatz zu dieser nicht ganz korrekten Fassung war Müntzers Ausspruch, in der Regel richtig zitiert, immer wieder zu lesen in Schulbüchern und Museen, auf Spruchbändern und bildlichen Darstellungen. Nur Fachleute wußten, daß Müntzer mit diesem plakativen Satz eine biblische Prophezeiung anführte, allerdings in eigener Übersetzung. Als ich im März 1989 bei einem Vortrag in der Pädagogischen Hochschule in Zwickau darauf hinwies, ging ein vernehmbares Murmeln durch die Reihen der Zuhörer.[80] Ein Pressebericht fand das sogar erwähnenswert. Obgleich auch unter marxistischen Fachleuten seit längerem die Auffassung vertreten wurde, daß Müntzers Überzeugungen nicht ungebrochen für die Gegenwart in Anspruch genommen werden könnten, war bei den Veranstaltungen zum Müntzerjubiläum 1989 davon wenig zu hören. Der letzte Redner bei der Zwickauer Konferenz behauptete, die Klassiker des Marxismus-Leninismus hätten aus Müntzers Wirken und dem Gang der Geschichte Schlußfolgerungen für die Bündnispolitik gezogen, die in der DDR zum Zuge gekommen seien. Er schloß sein Referat mit der hochgemuten Feststellung: „Ein Traum wurde Wirklichkeit".[81] Das war ganz auf den Ton der 2. Tagung des Müntzer-Komitees der DDR gestimmt, die zwei Monate zuvor stattgefunden hatte. Als Vorsitzender hatte Erich Honecker in

Wilhelm O. Pitthan, Thomas Müntzer predigt. 1958

seiner Schlußansprache, in der auch die berüchtigte Bemerkung gefallen war, daß die Berliner Mauer bei unveränderten Bedingungen noch 50 oder 100 Jahre bleiben würde, bekräftigt, die deutschen revolutionären und humanistischen Traditionen würden „in ihrer vollen Breite" gewahrt und weitergetragen. Dann fuhr er fort: „So ehren wir auch Thomas Müntzer. Spricht man gerne vom Strom der Geschichte, so hat das schon seine Richtigkeit. Nur lassen wir uns in diesem Strom nicht treiben, wie es gerade kommt, wir selber setzen die Segel, bestimmen Richtung und Ziel unseres Schiffes, steuern es durch ruhige Gewässer wie auch durch die Brandung, gestützt auf das feste Vertrauen zwischen Partei, Staat und Volk".[82] Ein dreiviertel Jahr später klang dieses offizielle Müntzer-Gedenken in nüchterner Atmosphäre und bei Kammermusik aus.[83] Die Illusionen eines politischen Chiliasmus hatten sich bereits weitgehend verflüchtigt.

Ein weiteres halbes Jahr darauf wurde auch in Wittenberg das Symbol eines säkularisierten Chiliasmus, der Panzer gegenüber der Schloßkirche abmontiert. Jetzt erinnert an diesem Ort nur noch die in Bronze gegossene 4. These der Schloßkirchentür an das Reich Gottes als Wirklichkeit des Glaubens. Zur Hoffnung auf ein Tausendjähriges Reich nach Offenbarung 20 läßt sich keine Verbindung herstellen. Im Gegenteil, die Wittenberger Reformatoren haben ihr im 17. Artikel der Augsburgischen Konfession von 1530 eine klare Absage erteilt, wenn Lehren verworfen werden, „nach denen vor der Auferstehung der Toten eitel (reine) Heilige, Fromme ein weltliches Reich aufrichten und alle Gottlosen vertilgen werden".[84] Müntzers Name fällt dabei nicht. Oft genug ist aber auch in der Folgezeit die Frage nach dem Verständnis der biblischen Reich-Gottes-Botschaft an den Kontrahenten Luther und Münt-

Thomas-Müntzer-Kongress Mühlhausen, 8.-10. 6. 1989

zer festgemacht worden. Die Antworten von theologischer Seite fielen in der Regel eindeutig zugunsten Luthers aus. Sympathie und Antipathie waren oft schon an der Diktion zu erkennen.[85] Ein evangelischer Theologe wird auch schwerlich um das Urteil herumkommen, daß sich Luther mit seinem Verständnis des Reiches Gottes auf den Hauptstrang der biblischen Überlieferung berufen kann. Das berechtigt jedoch nicht gleichzeitig, den andersartigen Interpreten der Reich-Gottes-Botschaft Müntzer einfach beiseite zu schieben. Die von der Arbeitsgruppe „Thomas-Müntzer-Gedenken 1989" beim Bund der Evangelischen Kirchen in der DDR verantwortete Wanderausstellung verstand deshalb die kritischen Einsprüche dieses „eifernden Dieners Gottes" zur Anfangszeit des reformatorischen Glaubens als bleibende Warnung an Kirche und Theologie,

„vor einem Christenglauben, dem keine Taten folgen,
vor einer Bibelauslegung, die Gottes Anrede nicht vernimmt,
vor einem Gottesdienst, der Menschen nicht erneuert,
vor einer Frömmigkeit, die Weltverantwortung scheut,
vor einer Geschichtsschau, die auf Gottes Wirken nicht achtet".[86]

Die evangelische Kirche in der DDR verstand Müntzer 1989 aber nicht nur als Warnung, sondern auch als Herausforderung, sich dem Willen Gottes in einer bestimmten Situation zu stellen und dabei die biblische Botschaft in ihrer Fülle zu befragen.[87] Luthers seelsorgerlicher Rat, sich vor allem an die klaren Aussagen der Bibel zu halten und die rätselhaften zunächst zu übergehen, hat im Blick auf Offenbarung 20 nicht alle Bibelausleger und -leser befriedigt.[88] Da diese befremdliche Perikope zum Bestand des Neuen Testaments gehört, hat sich die Kirche immer wieder um ein vertretbares Verständnis zu bemühen.[89] Zumindest hat sie sich durch sie an ein Doppeltes erinnern zu lassen: Die christliche Hoffnung hat auch diesseitige Konsequenzen. Und: Ein lebendiger Glaube kann nicht ohne eine Vision für die Zukunft der Welt auskommen. Nicht nur die Wirtschaft gerät ohne eine Vision in einen schlingernden Pragmatismus. Der Kirche, die unterwegs zum Reiche Gottes ist, ergeht es nicht anders.

Anmerkungen

1. Martin Luther Studienausgabe, hrsg. von Hans-Ulrich Delius u. a. Bd. 1. Berlin 1979, 176 (= StA). Zum sowjetischen „Denkmal der Befreiung" vgl. Heinrich Kühne: Lutherstadt Wittenberg. Berlin/Leipzig 1981, 57. Tourist-Stadtführer.
2. Vgl. z. B. Gerhard Wahrig (Hrsg.): Wörterbuch der deutschen Sprache. Neu hrsg. von Renate Wahrig-Burfeind. München 1997, 741 (das Reich Karls des Großen).
3. Brockhaus Enzyklopädie in vierundzwanzig Bänden. 19., völlig neu bearb. Aufl. Bd. 18. Mannheim 1992, 212.
4. Leonhard Goppelt: Theologie des Neuen Testaments. Hrsg. von Jürgen Roloff. T. 1. 2. Aufl. Berlin 1983, 94.
5. Vgl. Thomas Schmeller: Das Reich Gottes im Gleichnis. Eine Überprüfung. Deutungen der Gleichnisrede und der Reich-Gottes-Verkündigung Jesu. Theologische Literaturzeitung 119 (1994), 599-608.
6. Vgl. Andreas Lindemann: Herrschaft Gottes / Reich Gottes IV. Neues Testament und spätantikes Judentum. In: Theologische Realenzyklopädie. Bd. 15. Berlin/New York 1986, 196-218, bes. 205 (= TRE).
7. Vgl. Eduard Lohse: Die Offenbarung des Johannes. Übersetzt und erklärt. Berlin 1965, 94-97. = Das Neue Testament Deutsch; 11. Zum Verständnis der Offb. vgl. auch Eduard Schweizer: Theologische Einleitung in das Neue Testament. Göttingen 1989, 151-154. = Grundrisse zum Neuen Testament; 2.
8. Klaus Fitschen: Chiliasmus III. 1. Alte Kirche. In: Die Religion in Geschichte und Gegenwart. 4. völlig neu bearb. Aufl. Bd. 2. Tübingen 1999, 137 (= RGG⁴).
9. Des Heiligen Kirchenvaters Aurelius Augustinus zweiundzwanzig Bücher über den Gottesstaat. Übers. von Alfred Schröder. Bd. 3. Kempten/München 1916, 286. = Bibliothek der Kirchenväter. Vgl. auch Ulrich Duchrow: Christenheit und Weltverantwortung. Traditionsgeschichte und systematische Struktur der Zweireichelehre. Stuttgart 1970, 257-268. = Forschungen und Berichte der Evangelischen Studiengemeinschaft; 25.
10. Vgl. Rudolf Mau: Herrschaft Gottes / Reich Gottes V. Alte Kirche bis Reformationszeit. In: TRE Bd. 15, 218-224, bes. 220 f. (wie Anm. 6).
11. Die Predigten Taulers aus der Engelberger und der Freiburger Handschrift, hrsg. von Ferdinand Vetter. Berlin 1910, 144, 4-7: „Der das sich vinden wil - das ist Got mit allem sinem richtuom und in sin selbes eigenem wesen und naturen -, die muostu dor suochen do es sit: das ist in dem innersten grunde, do Got der selen naher und inwendiger ist verrer wan si ir selber ist".
12. Vgl. die knappen Angaben bei Volker Leppin: Chiliasmus III.2. Mittelalter. In: RGG⁴ Bd. 2,139 (wie Anm. 8), Eine deutschsprachige umfassende Arbeit fehlt. Die in mehreren Aufl. erschienene Darstellung von Norman Cohn: Das Ringen um das Tausendjährige Reich. Bern/München 1961, basiert auf unzulänglicher Quellenauswertung und fragwürdiger Methodik.
13. Vgl. Robert E. Lerner: Joachim von Fiore. In: TRE Bd. 17. Berlin/New York 1988, 84-88 (wie Anm. 6).
14. Reinhard Schwarz: Die apokalyptische Theologie Thomas Müntzers und der Taboriten. Tübingen 1977, 1-9. Schwarz rechnet mit einem „Fortleben oder Fortglimmen" der chiliastischen taboritischen Reformationserwartungen (ebd., 8). Diese Auffassung ist in der Forschung umstritten. Zur Problematik des Hussitismus vgl. Josef Macek: Die böhmische Reformation. In: Zur Geschichte der deutsch-tschechoslowakischen Beziehungen. Referate der deutsch-tschechoslowakischen Historikertagung Braunschweig 28.-30. November 1967. Braunschweig 1968, 13-33; Ferdinand Seibt: Die hussitische Revolution in der westlichen Forschung. In: Ebd., 59-70.
15. D. Martin Luthers Werke. Kritische Gesamtausgabe. Bd. 12. Weimar 1891, 688, 24 (= WA).
16. WA Bd. 15, 724, 23-30 (wie Anm. 15).

17 Ebd., 724, 17-24: „Es ist ganz gemein das Wörtlein hymelreich und Gottes Reich, wenige aber vernehmen, was Gottes Reich sei und wie er regieret, sondern der mehrer Teil imaginieret es auf jüdisch nach fleischlicher Art, so es doch im Geist ohne Stätte, Zeit, Personen etc. nur durchs Wort des Evangeliums zugeht." Zu den vier Drucken der Predigt 1525 vgl. Josef Benzing: Lutherbibliographie. Baden-Baden 1966, Nr. 1986-1988 (Altenburg) und 1989 (Augsburg).
18 Vgl. WA Briefe Bd. 1, 270, 9-14 (= WABr): Luthers früheste Äußerung im Brief an Wenzeslaus Linck vom 18. Dezember 1518.
19 Vgl. Hans-Ulrich Hofmann: Luther und die Johannes-Apokalypse. Dargestellt im Rahmen der Auslegungsgeschichte des letzten Buches der Bibel und im Zusammenhang der theologischen Entwicklung des Reformators. Tübingen 1982, 644. = Beiträge zur Geschichte der biblischen Exegese; 24.
20 Paul Althaus: Die Theologie Martin Luthers. 2. Aufl. Gütersloh 1962, 350. Althaus macht darauf aufmerksam, daß Luther nicht nur die ekklesiologische Sicht Augustins und die Individualisierung des eschatologischen Interesses in der mittelalterlichen Theologie fortsetzt, sondern daß bei ihm „die urchristliche und altkirchliche Spannung auf den Tag Jesu wieder lebendig" wird (ebd.).
21 Luther Deutsch. Die Werke Martin Luthers in neuer Auswahl für die Gegenwart. Bd. 3. Berlin 1949, 174; WA 18, 626,26-29; StA 3, 198,38-199,13 (wie Anm. 1).
22 WA 19, 75, 17 f.
23 Zur Unterscheidung der zwei Regimente bei Luther vgl. Bernhard Lohse: Luthers Theologie in ihrer historischen Entwicklung und in ihrem systematischen Zusammenhang. Göttingen 1995, 172-175 und 333-344.
24 StA 3, 88 f. (wie Anm. 1).
25 Kee Ruyun Kim: Das Reich Gottes in der Theologie Thomas Müntzers. Eine systematische Untersuchung unter besonderer Berücksichtigung der alternativen Anschauungen Martin Luthers. Frankfurt/Bern 1994, 181 und 185. = Europäische Hochschulschriften, R. 23; 508.
26 Als Beispiel für die Nachschlagewerke vgl. Meyers Taschenlexikon Geschichte in 6 Bdn. Mannheim/Wien/Zürich 1982, 156 (Müntzers Bund als Instrument „für die Verwirklichung des Reiches Gottes auf Erden").
27 Vgl. Siegfried Bräuer: Thomas Müntzers Weg in den Bauernkrieg. In: Christoph Demke (Hrsg.): Thomas Müntzer. Anfragen an Theologie und Kirche. Berlin 1977, 65-85, bes. 80: „Es gibt keine Beweise, daß Müntzer mit seinem Wirken das Reich Gottes aufrichten wollte. Dieser Schritt blieb für ihn Gott vorbehalten."
28 Zu Schwarz vgl. oben Anm. 14. Nach Schwarz hat sich vor allem Seebaß um Müntzers apokalyptische Vorstellungen bemüht, vgl. Gottfried Seebaß: Reich Gottes und Apokalyptik bei Thomas Müntzer. Lutherjahrbuch 38 (1991), 75-99.
29 Vgl. Ingo Warnke: Wörterbuch zu Thomas Müntzers deutschen Schriften und Briefen. Tübingen 1993, 223 f. = Lexicographica, Series maior; 50.
30 Thomas Müntzer: Schriften und Briefe. Kritische Gesamtausgabe. Unter Mitarbeit von Paul Kirn hrsg. von Günther Franz. Gütersloh 1968, 523 (= MSB).
31 Zu den apokalyptischen Äußerungen Müntzers vom Frühjahr 1521 vgl. Siegfried Bräuer: Thomas Müntzers Kirchenverständnis vor seiner Allstedter Zeit. In: Siegfried Bräuer und Helmar Junghans (Hrsg.): Der Theologe Thomas Müntzer. Untersuchungen zu seiner Entwicklung und Lehre. Berlin/Göttingen 1989, 100-128, bes. 109.
32 MSB, 505 (wie Anm. 30). Vgl. dazu Bräuer: Müntzers Kirchenverständnis, 110 f.; Siegfried Hoyer: Thomas Müntzer und Böhmen. In: Bräuer/Junghans (Hrsg.): Der Theologe, 358-370 (wie Anm. 31).
33 Vgl. Rudolf Mau: Luthers Stellung zu den Türken. In: Helmar Junghans (Hrsg.): Leben und Werk Martin Luthers von 1526 bis 1546. 2. Aufl. Berlin 1985, 643-662, bes. 653-655.

[34] Zu Müntzers hier stark vereinfacht wiedergegebener Auffassung vgl. Eric W. Gritsch: Thomas Müntzers Glaubensverständnis. In: Bräuer/Junghans (Hrsg.): Der Theologe, 156-173 (wie Anm. 31).
[35] MSB, 21, 4-9 (nur in der handschriftlichen Fassung).
[36] MSB, 22, 17 f. (wie Anm. 30).
[37] Eine genauere Darstellung von Müntzers Kirchenverständnis seit der Allstedter Zeit fehlt, vgl. zunächst Siegfried Bräuer: Thomas Müntzer und der Allstedter Bund. In: Jean Georg Rott und Simon L. Verheus (Hrsg.): Täufertum und radikale Reformation im 16. Jahrhundert. Akten des internationalen Kolloquiums für Täufergeschichte des 16. Jahrhunderts gehalten in Verbindung mit dem XI. Mennonitischen Weltkongreß in Straßburg Juli 1984. Baden-Baden/Bouxwiller 1987, 85-101.
[38] MSB, 307, 8. Vgl. auch ebd., 307, 17-20; 308, 31-38; 419; 424, 22 f., 29-425, 2; Rudolf Mau: Gott und Schöpfung bei Thomas Müntzer. In: Bräuer/Junghans (Hrsg.): Der Theologe, 11-38, bes. 13 f. (wie Anm. 31).
[39] MSB, 545 (5.); 548 (8.); 549 (11).
[40] MSB, 544 (3.). Vgl. Gottfried Seebaß: Artikelbrief, Bundesordnung und Verfassungsentwurf. Studien zu drei zentralen Dokumenten des südwestdeutschen Bauernkrieges. Heidelberg 1988. = Abhandlungen der Heidelberger Akademie der Wissenschaften, Phil.-hist. Kl., Jg. 1988; 1.
[41] Carl Hinrichs: Luther und Müntzer. Ihre Auseinandersetzung über Obrigkeit und Widerstandsrecht. Berlin 1952, 1.
[42] MSB, 240, 2 f. (wie Anm. 30).
[43] Vgl. Siegfried Bräuer: „do durch dye zeyt nicht vorgebens vorswinde". Thomas Müntzers Reform des Gottesdienstes. Zeitschrift für Gottesdienst und Predigt 7 (1989), 13-18.
[44] Vgl. Einträge von zeitgenössischer Hand auf vielen Seiten von Müntzers „Deutzsch kirchen ampt" bei einem Exemplar im Predigerseminar der ev.-luth. Landeskirche Braunschweig (Signatur: P IV 3): „Kumpt" (in einer Notenlinie der linken Seite) „Christus" (in einer Notenlinie der rechten Seite). Einen Hinweis auf einen tatsächlichen Zusammenhang mit Müntzers Gottesdienstverständnis gibt es nicht.
[45] MSB, 214 (Ordnung und Berechnung).
[46] MSB, 526 f. Vgl. Ernst Koch: Das Sakramentsverständnis Thomas Müntzers. In: Bräuer/Junghans (Hrsg.): Der Theologe, 129-155, bes. 142-145 (wie Anm. 31).
[47] MSB, 442, 1-14; vgl. Siegfried Bräuer: „Sind beyde dise Briefe an Müntzer abgeschickt worden?" Zur Überlieferung der Briefe des Grebelkreises an Thomas Müntzer vom 5. September 1524. Mennonitische Geschichtsblätter 55 (1998), 7-24, bes. 13.
[48] MSB, 215, 8-10; Georg Rietschel: Lehrbuch der Liturgik. 2. neubearb. Aufl. von Paul Graff. Bd. 2. Göttingen 1952, 712.
[49] MSB, 392 (wie Anm. 30).
[50] Vgl. Schwarz: Die apokalyptische Theologie, 35-45 (wie Anm. 14); Dieter Fauth: Thomas Müntzer in bildungsgeschichtlicher Sicht. Köln/Wien 1993, 215-226. = Studien zur deutschen Bildungsgeschichte; 43.
[51] Vgl. Schwarz: Die apokalyptische Theologie, 43-55 (wie Anm. 14).
[52] Die vermutlich legendär ausgestaltete Überlieferung zu Müntzers Verhalten bei der Geburt seines Sohnes zu Ostern 1524 deutet das chiliastische Verständnis („den creaturen ganz entrissen") an, vgl. Johann Agricola: Auslegung des// XIX. Psalm. Coeli// enarrant/ durch Thomas Mun// tzer ... Wittemberg. MDXXV. In: Ludwig Fischer (Hrsg.): Die lutherischen Pamphlete gegen Thomas Müntzer. München/Tübingen 1976, 43-78, bes. 54; WA 44, 493, 16-23 (Genesis-Vorlesung).
[53] MSB, 419, 10-15; Schwarz: Die apokalyptische Theologie, 46-61 (Die Erwartung guter Tage).

54 Vgl. z. B. MSB, 303, 15-22 (die Gottlosen behindern mit ihrem „wuochersuechtigen wandel" den Prozeß des Glaubens).
55 MSB, 463 (9. Mai 1525).
56 MSB, 548, 14-18.
57 Vgl. Adolf Laube: Probleme des Müntzerbildes. In: Heinz Stiller (Hrsg.): Probleme des Müntzerbildes. Berlin 1988, 5-27, bes. 16 f. = Sitzungsberichte der Akademie der Wissenschaften der DDR, Gesellschaftswissenschaften; 6 G / 1988 (Unterschätzung der Apokalyptik); Günter Vogler: Gemeinnutz und Eigennutz bei Thomas Müntzer. In: Bräuer/Junghans (Hrsg.): Der Theologe, 174-194, bes. 190 f. (wie Anm. 31); Hans von Schubert: Der Kommunismus der Wiedertäufer in Münster und seine Quellen. Heidelberg 1919. = Sitzungsberichte der Heidelberger Akademie der Wissenschaften, phil.-hist. Klasse, Jg. 1919; 11 (antike und scholastische Tradition).
58 Vgl. Bräuer: Müntzer und der Allstedter Bund, 93 (wie Anm. 37).
59 Vgl. Seebaß: Reich Gottes, 90 f. (wie Anm. 28).
60 MSB, 397, 5-7 (mit Hinweis auf Ps. 110, 5 und Hes. 34, 15.25).
61 Vgl. Eike Wolgast: Die Obrigkeits- und Widerstandslehre Thomas Müntzers. In: Bräuer/Junghans (Hrsg.): Der Theologe, 195-220 (wie Anm. 31).
62 MSB, 417, 25.
63 MSB, 454, 10-14.
64 MSB, 463, 11 f.; 471, 21 f.; 470, 7 f.
65 Günther Franz (Hrsg.): Quellen zur Geschichte des Bauernkriegs. München 1963, 523 (Aussage Hans Huts vom 26. November 1527). = Ausgewählte Quellen zur deutschen Geschichte der Neuzeit, Frh. vom Stein-Gedächtnisausgabe; 2.
66 MSB, 473, 7-10 (17. Mai 1525). Hierzu vgl. Eike Wolgast: Beobachtungen und Fragen zu Thomas Müntzers Gefangenschaftsaussagen 1525. Lutherjahrbuch 56 (1989), 26-50, bes. 40-43.
67 WA 18, 367-374, bes. 336, 16 f. Vgl. dazu Max Steinmetz: Das Müntzer-Bild von Martin Luther bis Friedrich Engels. Berlin 1971, 20-27. = Leipziger Übersetzungen und Abhandlungen zum Mittelalter, Reihe B; 4; Siegfried Bräuer: Bauernkrieg in der Grafschaft Mansfeld - Fiktion und Fakten. In: Rosemarie Knape (Hrsg.): Martin Luther und der Bergbau im Mansfelder Land. Aufsätze. Lutherstadt Eisleben 2000, 121-157, bes. 147-149. = Katalog Stiftung Luthergedenkstätten in Sachsen-Anhalt; 7.
68 Benzing: Lutherbibliographie, Nr. 2168-2177 (wie Anm. 12); Helmut Claus/Michael A. Pegg: Ergänzungen zur Bibliographie der zeitgenössischen Lutherdrucke. Gotha 1982, Nr. 2169-2177a. = Veröffentlichungen der Forschungsbibliothek Gotha; 20.
69 Zitiert nach der Ausgabe: Bartholomäus Ringwaldt: Die lauter// Warheit.// Darinnen an=// gezeiget/ Wie sich ein Weltlicher// vnnd geistlicher Kriegßmann in seinem// Beruff verhalten soll/ Allen Staenden nuetz=// lich/ vnd zu jeder zeit fast noe=/ tig zu lesen :// Gedruckt zu Erffurdt/ bey// Johann Beck.// M.D. XCVIII, 23 f. Zu Ringwaldt vgl. Walter E. Schäfer: Ringwaldt, Bartholomäus. In: Walther Killy (Hrsg.): Literatur-Lexikon. Autoren und Werke deutscher Sprache. Bd. 9. Gütersloh/München 1991, 478.
70 Vgl. Hans-Jürgen Goetz: Die Täufer. Geschichte und Deutung. Berlin 1988, 36-39; Richard von Dülmen: Reformation als Revolution. Soziale Bewegung und religiöser Radikalismus in der deutschen Reformation. München 1977, 285-355. = dtv; 1380. Zum Chiliasmusproblem vgl. Klaus Deppermann: Melchior Hoffmann. Soziale Unruhen und apokalyptische Visionen im Zeitalter der Reformation. Göttingen 1979, 20-26.
71 Vgl. Johannes Wallmann: Der Pietismus. Göttingen 1990, 87 f. = Die Kirche in ihrer Geschichte; O 1.
72 Vgl. Michael Beintker: Herrschaft Gottes / Reich Gottes VI. Neuzeit. In: TRE Bd. 15, 224-228 (wie Anm. 6). Zu den geisteswissenschaftlichen Zusammenhängen vgl. Karl Löwith:

Weltgeschichte und Heilsgeschehen. Die theologischen Voraussetzungen der Geschichtsphilosophie. 3. Aufl. Stuttgart 1953, 146 f., 190-195 u. ö. = Urban-Bücher; 2.

[73] Vgl. Falk Wagner: Theologische Universalinterpretation. Richard Rothe (1799-1867). In: Friedrich Wilhelm Graf (Hrsg.): Profile des neuzeitlichen Protestantismus. Bd. 1. Gütersloh 1990, 225-286. = Gütersloher Taschenbücher / Siebenstern; 1430; Falk Wagner: Richard Rothe (1799-1867). In: TRE Bd. 29, 436-441 (wie Anm. 6).

[74] Vgl. Paul S. Boyer: Chiliasmus IV. Nordamerika. In: RGG⁴ Bd. 2, 140 f. (wie Anm. 8); Brian Hebblethwaite: Social Gospel. In: TRE Bd. 31, 409-419 (wie Anm. 6).

[75] Vgl. Wolfgang Wippermann: Drittes Reich. In: Wolfgang Benz, Hermann Graml und Hermann Weiß (Hrsg.): Enzyklopädie des Nationalsozialismus. 2. Aufl. München 1998, 435.

[76] Gerhard Schäfer (Hrsg.): Die evangelische Landeskirche in Württemberg und der Nationalsozialismus. Eine Dokumentation zum Kirchenkampf. Bd. 2. Stuttgart 1972, 707.

[77] Georg Klaus und Manfred Buhr (Hrsg.): Philosophisches Wörterbuch. 8. berichtigte Aufl. Leipzig 1971, 997-1008.

[78] Neue Berliner Illustrierte Jg. 1965, Nr. 32, 25 (Kriminalität in Deutschland).

[79] Hans Wermes: Revolutionäre Tradition des Bauernkrieges und sozialistisches Bewußtsein der Gegenwart. In: Max Steinmetz, in Verbindung mit Siegfried Hoyer, Ernst Ullmann und Hans Wermes (Hrsg.): Der deutsche Bauernkrieg und Thomas Müntzer. Leipzig 1976, 267-271, bes. 268. Die Auffassung, Müntzer sei ein heimlicher Atheist gewesen, war zu dieser Zeit schon überwunden. Vgl. beispielsweise den Abdruck aus der großen Sowjet-Enzyklopädie, 2. Aufl. Bd. 3. Moskau 1950, 347-354: F. N. Oleschtschuk: Atheismus. Berlin 1955, 1-30, bes. 7: Müntzer griff „das Christentum überhaupt an. Er lehnte es ab, die Bibel anzuerkennen, und verurteilte die Pfaffenmärchen vom 'Reich Gottes'".

[80] Siegfried Bräuer: Thomas Müntzers Beitrag zur Reformation. In: Wissenschaftliche Konferenz „Thomas Müntzer und Zwickau". Pädagogische Hochschule „Ernst Schneller" Zwickau 16.-17. März 1989, 22-29, bes. 23.

[81] Wolfgang Kunze: Der Reinsdorfer Bauernhaufen im Großen Deutschen Bauernkrieg und die sozialistische Landwirtschaft der Gegenwart. In: Ebd., 53-56, bes. 54 und 56.

[82] Thomas Müntzer Ehrung der DDR 1989. 2. Tagung des Thomas-Müntzer-Komitees der Deutschen Demokratischen Republik am 19. Januar 1989, Berlin 1989, 52 f.

[83] Vgl. Günter Wirth: Zu Aspekten der Müntzer-Rezeption. Mühlhäuser Beiträge 14 (1991), 70-75.

[84] Evangelisches Gesangbuch. Berlin/Leipzig/Berlin 1993⁴ Nr. 808. In der ursprünglichen Fassung ist von „etlich judisch Lehren" die Rede, vgl. Die Bekenntnisschriften der evangelisch-lutherischen Kirche. 5. Aufl. Berlin 1960, 72.

[85] Vgl. z. B. Erwin Mülhaupt: Martin Luther oder Thomas Müntzer - wer ist der rechte Prophet? Luther 45 (1974), 55-71.

[86] Helmar Junghans: Der Wandel des Müntzerbildes in der DDR von 1951/52 bis 1989. Luther 60 (1989), 102-130, bes. 129 f. (die Texte zur Ausstellung stammen von Junghans).

[87] Vgl. Thomas Müntzer Ehrung der DDR 1989, 47 f. (wie Anm. 82).

[88] Vgl. z. B. das Ringen des Württemberger Prälaten Karl Hartenstein um ein heilsgeschichtliches Reich-Gottes-Verständnis: Wolfgang Metzger (Hrsg.): Karl Hartenstein. Ein Leben für Kirche und Mission. Stuttgart 1953, 334-358.

[89] Vgl. z. B. Schweizer: Theologische Einleitung, 154: „Es fragt sich sogar, wie weit der Seher überhaupt an ein zeitlich noch faßbares Nacheinander denkt und nicht eher von einer Bilderfülle überwältigt wird, die das Wesen des Kommens Gottes und des Widerstands der Mächte und der ihnen verfallenen Menschen schildert". (wie Anm. 7). Zum gegenwärtigen Verständnis insgesamt vgl. Die Bedeutung der Reich-Gottes-Erwartung für das Zeugnis der christlichen Gemeinde. Votum des Theologischen Ausschusses der Evangelischen Kirche der Union. Neukirchen-Vluyn 1986.

„Lieber mit Gott arm denn mit dem Teufel reich sein"

Überlegungen zu einer Wirtschaftsethik Martin Luthers

Hans-Jürgen Prien

1. Vorüberlegungen

Die Frage, ob die Ökonomie eine theologische Frage sei, mit anderen Worten, ob Theologen ein Mandat haben, ihre Stimme auch zu wirtschaftlichen Fragen zu erheben, ist seit dem Neuprotestantismus umstritten. Maßgebliche protestantische Theologen haben behauptet, daß dem Bereich der Wirtschaft gleichsam eine Eigengesetzlichkeit zukomme und sich diesbezüglich auf Luthers Zwei-Reiche-Lehre berufen, die sie im Sinne einer strikten Trennung von weltlicher und geistlicher Sphäre verstanden haben. Es läßt sich indes zeigen, daß sie sich damit nicht auf Luther berufen können, der sich nicht nur mit wirtschaftlichen Fragen beschäftigt, sondern sogar ethische Maßstäbe für das Wirtschaften entwickelt hat.
Die Schlüsselfrage für Luthers Einstieg in die Wirtschaftsproblematik war die Zinsfrage. Das ergab sich für ihn aus dem scholastischen Zinsverbot, das viele im Zeichen des beginnenden Frühkapitalismus für unzeitgemäß hielten. Heute würde es nur noch Unverständnis hervorrufen, wenn die Kirchen ein Zinsverbot forderten. Und doch stellt die Zinsfrage auch heute ein virulentes Problem für Weltwirtschaft, Entwicklungsländer und Ökologie dar.

2. Die Aktualität der wirtschaftsethischen Überlegungen Luthers

Immer einmal wieder sind Luthers Äußerungen zum Frühkapitalismus aus aktuellem Anlaß kommentiert oder seine Schriften dazu neu herausgegeben worden. Ich erinnere nur an das Ahlener Programm der CDU von 1947, das sich von Luther inspirieren ließ, weshalb die CDU die Schrift »Von Kaufshandlung und Wucher« in einem Heftchen erneut veröffentlichte. Roser, einer der Herausgeber, bemerkt im Vorwort: „Wenn Luther von der Notwendigkeit eines >streng, hart, weltlich Regiments< über die Wirtschaft spricht, wenn er das Recht auf Monopolbildung ausschließlich dem Staat zuerkennt und wenn er schließlich als Maßstab gezahlter Preisbildung die Arbeitsleistung anerkennt, rührt er an Fragen, die in der heutigen Auseinandersetzung über den Sozialismus so brennend sind wie zu seiner Zeit."[1]
1971 löste Dieter Fortes' die Quellenlage auf den Kopf stellende Behauptung, Luther habe den Darlehenszins befürwortet, weshalb er ihn zum Schrittmacher des Kapitalismus erklärt, berechtigten Widerspruch aus. Diese beiden Beispiele zeigen, wie schnell man in die Irre geht, wenn man Äußerungen des Reformators, die er vor

mehr als 400 Jahren gemacht hat, aus Effekthascherei aus ihrem zeitgeschichtlichen Kontext herausreißt. Vor solchem »Fundamentalismus« kann nur gewarnt werden. Andererseits stehen wir in der Gefahr, die heutige Weltlage völlig falsch einzuschätzen, wie das der US-Amerikaner Francis Fukuyama 1989 mit seinem Aufsatz »Das Ende der Geschichte?« getan hat.[2] Inzwischen ist aus diesem Titel mit Fragezeichen ein dickes Buch ohne Fragezeichen geworden. In ihm wird proklamiert, die moderne liberale Demokratie stelle „eine erfolgreiche Synthese zwischen der Moralität des Herrn und der Moralität des Knechts dar" und überwinde „die Kluft zwischen ihnen". „Am Ende der Geschichte gibt es keine ideologische Konkurrenz mehr zur liberalen Demokratie." Abgesehen davon, daß es diese liberale Demokratie nur in einer Minderheit von Staaten gibt, wird das wirtschaftliche Standbein der liberalen Demokratie, der Kapitalismus, völlig ausgeklammert, obgleich das ungehinderte Profitstreben uns nicht nur Wohlstand, sondern auch ökologisch ruinierte Landschaften, Seen, Flüsse, Meere, ja sogar einen Himmel ohne schützende Ozonschicht beschert hat. Diesbezüglich ist die Lage im Westen nur dank möglicher Kritik der öffentlichen Meinung graduell besser als in den Gebieten des ehemaligen östlichen Staatskapitalismus.

Das offenkundige sozioökonomische Versagen der Regimes des real existierenden Sozialismus kann unseren Blick nur allzu leicht von den Schattenseiten des Kapitalismus ablenken, die ganz besonders kraß in der Schuldenkrise der Dritten Welt[3] zum Ausdruck kommen, die freilich nur ein Teilaspekt des umfassenden wirtschaftlichen Nord-Süd-Konflikts ist. Die kirchliche Kampagne »Erlaßjahr 2000« hat wenigstens das Schuldenproblem einer breiteren Öffentlichkeit bewußt gemacht.

Ein wesentlicher Teil der Schuldenkrise resultiert aus der rüstungsbedingten Hochzinspolitik der Reagan-Administration in den achtziger Jahren, so daß man an die Verurteilung des Wuchers durch Luther denken muß. Der Harvard-Ökonom Benjamin Friedman nennt die »Reagonomics« ein »Spiel«, das versagt hat, weil der Wirtschaftspolitik keine sorgfältige Analyse zugrundegelegen hat und weil deren Ausgangspunkt, daß eine Steuersenkung zu einer Erhöhung der Sparleistung führen müsse, sich nicht bewahrheitet hat. Während in den fünfziger Jahren der (inflationsbereinigte) durchschnittliche Realzinssatz für Wertpapiere bei 2,60% lag und danach stark absank, stieg der Realzinssatz für kurzfristige Wertpapiere in den achtziger Jahren auf 4,95%. Das bedeutet, daß mittelfristige Anleihen mit einem Nominalzinssatz von 13,37% ausgegeben wurden. Diese hohen Zinssätze lockten Anlagekapital ins Land, so daß z. B. der Wechselkurs der DM gegenüber dem US$ von Dez. 1980 bis Anfang 1985 von DM 1,97 auf DM 3,30 anstieg. Gigantische Budget-Defizite und eine negative Zahlungsbilanz machten die USA zum größten Schuldner der Welt.[4] Diese enormen Kursschwankungen der DM sollte man sich vor Augen halten, wenn man die durch Devisenspekulation verursachte gegenwärtige Schwäche des EURO beklagt.

»In der aktuellen Diskussion steht« einerseits »die internationale Kapitalmobilität im Mittelpunkt, je nach Standpunkt des Betrachters als Bösewicht oder als Retter in der Not« und andererseits das globale Agieren multinationaler Unternehmen. Unter

Globalisierung wird dabei die zunehmende internationale Integration von Güter-, Kapital- und Arbeitsmärkten« verstanden.[5]
Übrigens hat bis zum Ende des Ost-West-Konflikts i. J. 1990 niemand das Wort *Globalisierung* benutzt.[6] Jetzt sprechen manche schon von der »Globalisierungsfalle«.[7] »Die Entscheidungsmacht geht in besorgniserregendem Umfang von den internationalen Finanzmärkten aus. An ihnen wird pro Tag zwanzig- bis hundertmal mehr Geld verschoben als es dem Wert des weltweiten Warenumlaufs entspricht.«[8] Der »Spiegel« spricht vom »Turbokapitalismus«.[9] Und Ulrich v. Weizsäcker bemerkt: »Kaum, daß der Kommunismus als reale Macht die weltgeschichtliche Bühne verlassen hat, scheinen alle ethischen Gegengewichte zum >nackten Kapitalismus< in Vergessenheit zu geraten«.[10]
Damit sind einige Herausforderungen für eine christliche Wirtschaftsethik angesprochen. Sie sind zu ergänzen durch Armutsprobleme und Arbeitslosigkeit in der Ersten Welt, durch Unterernährung, Hunger und Elend in den Entwicklungsländern sowie Ungerechtigkeiten des internationalen Wirtschaftssystems, die auch die evangelischen Kirchen zwingen, Klarheit über die Frage der Relevanz der Bergpredigt für die Wirtschaftsethik zu gewinnen.
Nun ist es sicher kein Zufall, daß über 50 Jahre zwischen dem Erscheinen der letzten deutschspachigen Wirtschaftsethik (Georg Wünsch, 1927[11]) und der neuen Darstellung von Arthur Rich[12] (1984/1990) liegen. 1988 hat der Rat der EKD eine Stellungnahme der Kammer für Kirchlichen Entwicklungsdienst zum Thema »Bewältigung der Schuldenkrise« zeitgleich mit einer ähnlichen Verlautbarung der Katholischen Bischofskonferenz herausgegeben, in der u. a. festgestellt wird: „Auslandsverschuldung und Armut sind ein Ausdruck struktureller Ungerechtigkeiten, die auf nationaler wie internationaler Ebene bestehen."[13] Dabei fällt auf, daß die Stellungnahme der EKD, die die zukunftsweisende Unterscheidung von legalen und legitimen Schulden und der Sozialverträglichkeit des Schuldendienstes macht, überhaupt nicht auf Luthers Wirtschaftsethik rekurriert, obgleich man in der Forschung seit Ende der siebziger Jahre ein verstärktes Interesse an der Wirtschaftsethik Luthers feststellen kann. Der fehlende Bezug auf Luther dürfte verschiedene Gründe haben.
1. Der Versuch, 1970 auf der 5. Vollversammlung des Lutherischen Weltbundes in Evian, „die sozial-ethischen Implikationen der Rechtfertigungslehre in den Vordergrund zu stellen", stieß auf geteilte Reaktionen, ja ließ die Frage laut werden, „ob damit den Gedanken Luthers Gerechtigkeit widerfahre".[14]
2. Ferner ist zu bedenken, daß Luther nicht versucht hat, „eine theologische Ethik als eigenständige Disziplin zu begründen". Die ethischen Ausführungen Luthers sind, wie Helmut Thielicke bemerkt, „nichts anderes als Beispielsammlungen für den evangelischen Neuansatz seiner Theologie", was freilich schon sehr viel ist, hat er doch in legitimer Nachfolge Jesu die Mannigfaltigkeit der Fälle im Rahmen des Dekalogs „ständig auf das eine Gebot des Gott-fürchtens-liebens zurückgeführt".[15]
Wenn hier also von der »Wirtschaftsethik« des Reformators gesprochen wird, ist stets diese Einschränkung zu bedenken, die aber nicht in dem Sinne mißverstanden werden darf, als habe der Reformator seine wirtschaftsethischen Aussagen nur zufällig

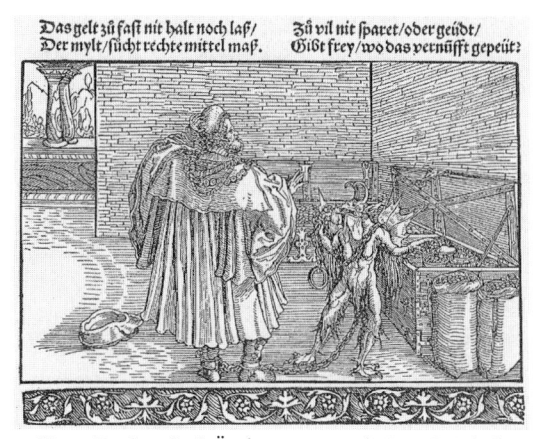

Hans Burkmair d.Ä. (1473–1531), Der Geizhals

gemacht. Vielmehr bilden sie ein logisches Ganzes, das er vom Zentrum seiner Theologie her begründet. Deshalb ist es bedauerlich, daß immer noch eine zuverlässige Gesamtdarstellung der Sozialethik des Reformators fehlt.

3. Luthers wirtschafts- und sozialethische Grundsätze

Luthers wirtschafts- und sozialethische Grundsätze ergeben sich aus der wirtschaftlichen und gesellschaftlichen Situation seiner Zeit bzw. seiner Wahrnehmung dieser Situation. Die Epoche ab 1500 ist in Europa soziopolitisch gekennzeichnet durch die Herausbildung und Festigung des Territorialstaates und wirtschaftlich einerseits durch eine Krise des Geld- und Währungssystems, die sich durch stagnierende Löhne bei langfristig steigenden Preisen für Grundnahrungsmittel verschärfte, andererseits ist die Epoche bestimmt durch die weiträumige Integration Europas und die Ausbildung des Welthandels infolge der Entdeckungen in Übersee, weshalb manche Autoren von der ersten Globalisierung am Beginn der Moderne sprechen, aber eine Globalisierung des Handels im Gegensatz zur heutigen Globalisierung der Produktion, des Kapitals und des Know-how.

Die damalige Lage war des weiteren bestimmt durch eine nur begrenzte Diversifizierung zwischen Stadt und Land, die in Ackerbürgerstädten zum Ausdruck kam, die dezentralisierte Produktion in Form des Verlages und die Zentralisierung der handwerklichen Produktion in den städtischen Manufakturen, d. h. vorindustriellen Fabriken.

Das Aufkommen des Frühkapitalismus zeigt sich besonders in den großen Handelsgesellschaften und im Bergbau, wo die traditionelle Verfügung der Arbeitskräfte über die Produktionsmittel immer mehr durch bloß finanziell beteiligte Gewerke, eine frühe Form von Aktionären, verdrängt wurde und wo ein starker Konzentrationsprozeß infolge von Absatzkrisen und Überproduktionskrisen einsetzte.[16] Den auslösenden Faktor für die Ausbildung frühkapitalistischer Produktionsformen stellte das Handelskapital dar, das in Deutschland mit den Namen der Fugger, Welser, Höchstetter und Fürer verbunden ist, die für Kapitalballungen von bis dahin nicht gekannten Ausmaßes standen.

Die frühkapitalistische Wirtschaftsweise, zu deren Charakteristika die wachsende Technisierung und die zunehmende Trennung von Kapital und Arbeit gehören, ermöglicht die Profitmaximierung, indem nun dem Geld nicht nur die Funktion eines Tauschmittels zukommt - also Tausch von Ware gegen Geld und wiederum Tausch von Geld gegen Ware, sondern eine selbständige Bedeutung, so daß Geld gegen Ware und Ware gegen Mehr-Geld bzw. im Bankwesen Geld gegen Mehr-Geld >getauscht< wird.[17] Profitmaximierung ermöglicht die erneute Investition von Gewinn, die wiederum Gewinn erzeugt und damit zur Kapitalvergrößerung führt. Dieses Wirtschaftssystem, in dem sich Kapital und Arbeit trennten, erzeugte bei den Unternehmern eine neue Mentalität, einen Wirtschaftsgeist, der auf Erwerbsgewinn und Vermögensmehrung ausgerichtet ist. Die mittelalterliche Wirtschaft, die sich wesentlich an der reinen Bedarfsdeckung orientiert hatte, wurde von einer expansiven Wirtschaft abgelöst, die auf Profitmaximierung abzielte, die sie mit kapitalistischen Methoden wie Monopolgewinnung und Kartellabsprachen zu sichern suchte. Luther war Teil der Antimonopolbewegung, die auch im Reichstag einflußreich war. Das Schlagwort *Monopol* hatte damals einen ähnlichen Klang wie *Kapitalismus* in der 2. Hälfte des 19. Jhs.

Ohne hier auf die regionalen Unterschiede eingehen zu können, wollen wir uns Luthers Wahrnehmung der Wirtschaftsprobleme zuwenden. Durch seine väterliche Verwandtschaft in Möhra hatte Luther einen nur begrenzten Zugang zum Bauerntum, denn er war stolz auf seinen gesellschaftlichen Aufstieg. Mehr als ein Bauernenkel ist er von der Seite seiner Mutter her ein Sproß des Bürgertums. Das Bergwesen lernte er durch seinen Vater in Mansfeld kennen, der aber in jenen Jugendjahren noch mehr Bergmann war, was die ärmlichen Verhältnisse im Elternhaus erklärt, und erst später zum wohlhabenden Bergkaufmann aufstieg.[18] Der Übergang seines Vaters vom Bergbauern zum Hauer im Bergbau und dessen späterer Aufstieg zum Hüttenmeister veranschaulichte Martin sozusagen den Übergang von der agrarischen zur frühkapitalistischen Wirtschaftsform. Außerdem war Luther schon als Junge mit Hans Reinicke befreundet, mit dem er 1495 auf die Schule nach Magdeburg ging, wo er im Hause des bischöflichen Offizials Paul Moßhauer wohnte. Die Familien Reinicke und Moßhauer waren im Mansfeldischen begütert und stellten Hüttenmeister und Räte der Grafen von Mansfeld. Daher konnte Luther den rigorosem Verdrängungs- und Konzentrationsprozeß im Mansfelder Revier genau verfolgen, was seine wirtschaftliche Vorstellung erheblich beeinflußt haben dürfte.[19]

Luther, der seine Jugend im städtischen Milieu von Mansfeld, Magdeburg, Eisenach und Erfurt verbracht und dann als Bettelmönch in Erfurt und Wittenberg gelebt hat, war ein durch und durch städtisch geprägter Mensch. In Wittenberg erlebte er die Strukturen einer durch Lokalgewerbe und Konsumhandel geprägten Lokalgewerbestadt, während er Exportgewerbestädte kaum direkt kannte, obgleich ihm Leipzig mit seinem frühkapitalistischen Wirtschaftsgefüge in etwa vertraut war. Durch die umfangreiche Wirtschaft seiner Frau Katharina sind viele Alltagsprobleme an ihn herangetragen worden. Noch wichtiger dürfte sein, daß Luther später als Haupt der evangelischen Bewegung in Mittel- und Ostdeutschland durch Anfragen von Stadträten und befreundeten Prädikanten immer wieder mit wirtschaftlichen Fragen konfrontiert wurde.

Viele Beobachter hat Luthers rigorose Ablehnung selbst von mäßigen Zinsgeschäften, die ihnen als Rückfall ins Mittelalter erscheint, verwirrt. Denn während die Spätscholastik das ursprüngliche Wuchergesetz elastisch gemacht hatte, kehrte Luther zur ursprünglichen kompromißlosen Ablehnung des Zinses als Wucher zurück, da er hierin einen einseitig wirtschaftsegoistischen Geist am Wirken sah. Zwar thematisiert Luther den Zusammenhang von Wucher (=Todsünde) und Ablaß nicht,[20] aber es darf nicht übersehen werden, daß die Entwicklung der Lehre vom Fegefeuer und vom Ablaß und noch mehr die Ablaßpraxis die Hemmschwelle für Wucher drastisch reduziert haben dürfte. Vor der Entwicklung der Lehre vom Fegefeuer gab es für Wucherer nur den Weg in die Hölle. Nach der Lehre vom Fegefeuer konnten sie indes hoffen, durch eine Reinigungsstrafe im Fegefeuer doch noch über die Schwelle des Himmels zu gelangen. Die Möglichkeit, dieser Strafe durch käuflichen Ablaß zu entgehen, dürfte die Hemmschwelle für Wucher weiter herabgesetzt haben.[21]

Luther lehnt die Kasuistik des Kanonischen Rechts ab. Seine ethische Argumentation geht von Jesu Weisung in der Bergpredigt aus, die er in den drei Graden des Leidens, Gebens und Leihens zusammengefaßt sieht.

»Gib dem, der dich bittet, und wende dich nicht von dem, der dir abborgen will« (Mt 5, 42).

Die hier geforderte Liebespflicht gilt unumschränkt für jeden Nächsten, und sei er ein Widersacher oder Feind. Der Christ hat geradezu ein *Nächstenamt,* um seine Mitmenschen vor Unrecht zu schützen. Im Blick auf verantwortungslose Vertreter der Wirtschafts- und Finanzmächte erinnert der Reformator an die Leidensforderung der Bergpredigt: „....sage derselben Scharrhansen einmal das wort Gottes, so wider yn ist"[22], nämlich das Wort des Gottes, der „eyn richter für die armen und durfftigen"[23] ist, so wirst du leiden müssen. Solches Leiden und nicht Anbetung der Mächtigen ist dem Christen geboten.

Luther überprüft die Motivationen auch des wirtschaftlichen Handelns vom Gebot der Nächstenliebe und der Billigkeit [Goldene Regel: „Alles nun, das ihr wollt, das euch die Leute tun, das tut ihnen" (Mt 7,12)] her. So steht für ihn fest, daß der Zinskäufer – wir würden heute sagen, der Darlehensgeber – seinen Nächsten übervorteilen will, weil er nicht dieselben Bedingungen auf sich angewandt sehen und sich nicht am Risiko beteiligen wolle. Deshalb deckt der Reformator hier und in anderen Fällen Eigennutz und Wirtschaftsegoismus als die eigentlichen Motive auf. Luthers Kritik gilt besonders denjenigen, die Bedürftige oder in Not Geratene beschweren, ja sie bei Zahlungsunfähigkeit ihres Grund und Bodens, d. h. ihrer Erwerbsgrundlage, ihrer Produktionsmittel berauben.

> Ich bitt herz / laßt euch meyn erbarmen / Vmb gaß vñ hilff / Bit ich euch ser /
> Vnd stewert mich gefangen armen. Das ich meyn standt erhöhe mer.
>
> Dem allermeyste hilff gebürt / Wo not vnd tugent wirt gespürt.

Hans Burkmair d.Ä. (1473–1531), Der Wohltätige

Das zinssuchende Geld erscheint Luther „dem ungerechten Wesen der >monopolia<" darin vergleichbar zu sein, „daß es seine Macht auf dem Markt geltend macht und ausnützt". Deshalb fordert er von einem Christen die Bereitschaft zu >einfältigem< Leihen, während er jenes Leihen verurteilt, „dem die Absicht der Darleihenden innewohnt, >daß sie mit Geld herrschen<. Er deckt das ganze verderbliche Ineinandergreifen von wirtschaftlichen Machtverhältnissen und persönlichen Beziehungen auf", zu dem es beim Darlehensgeschäft wegen der Verbindung von persönlichen und sachlichen Beziehungsmomenten leicht kommt. Auf Seiten der Kreditgeber sieht Luther aufgrund von deren Überlegenheit die Gefahr der Ausbeutung, auf Seiten der Kreditnehmer die Gefahr von leichtsinniger Spekulation, Bankrott und Schuldflucht, woraus für ihn die sittliche Verwerflichkeit von Kreditgeschäften erhellt. Bei der üblichen Darlehenshandhabung findet die ungerechte Forderung eines Gewinns „unter Ausnutzung bevorzugter Lage, bzw. der Not des andern, der Unberechenbarkeit von Möglichkeiten oder auch irgend eines nicht zu Recht begründeten Titels – ganz allgemein der Wucher – ...aufs häufigste und leichteste Eingang".[24]

Daran und an den tatsächlich damals vorkommenden Zinshöhen von 30–40% zeigt sich, daß Luthers scharfe Kritik nicht der Berechtigung entbehrte. Kam doch sogar der Hauptbuchhalter der Fugger, M. Schwarz, Anfang des 16. Jh. zu dem Schluß: „Interesse das ist höflich gewuchert; Finanzen (Finanzgeschäfte treiben) ist gleich höflich gestohlen".[25]

Nimmt man Luthers eigene Bemerkung ernst, daß es ihm nicht auf den Begriff »Wucher« ankomme, sondern auf die Sünde, die dahinter stehe, dann kann mit seiner Kritik am Zinskauf nicht eo ipso jede Form von Darlehensgeschäft verdammt werden. Demzufolge ist eine ethische Differenzierung angebracht, die Luthers Intention nicht widerspricht: „Als Ergebnis der Auseinandersetzung von ethischer Grundforderung und praktischer Wirtschaftsordnung" muß ein Unterschied bei der Beurteilung von Konsumtiv- und Produktiv-Darlehen gemacht werden. Wenn zur dringend nötigen Bedarfsdeckung geliehen wird, wenn es also darum geht, einen „andern zu unterstützen, einem Unterhaltsmangel abzuhelfen", ist und bleibt der Christ zu zinsloser Leihe verpflichtet.[26] Die wirtschaftliche Notlage des Nächsten darf nicht egoistisch ausgenutzt werden. Dieses Prinzip ist in Kastenordnungen eingegangen als kollektive Verpflichtung zu sozialer Hilfe und hat wesentlich erst seit der 2. Hälfte des 19. Jh. seinen Ausdruck in staatlichen Sozialhilfegesetzen gefunden. Den Notwucher nicht mehr erwerbsfähiger alter Leute hat Luther 1524/1539 dagegen als Akt der Barmherzigkeit gebilligt.[27]

Daß Luther eine Eigengesetzlichkeit des wirtschaftlichen Bereichs eindeutig ablehnt, zeigt sich u. a. an seiner kompromißlosen Ablehnung der kaufmännischen Prinzipien des höchsten erzielbaren Preises und des höchsten erzielbaren Zinses, da beide eindeutig im Widerspruch zum Gebot der Nächstenliebe und dem naturrechtlichen Prinzip der Billigkeit bzw. der Reziprozität (Goldene Regel) stehen. Zugleich sind sie Raub und Diebstahl, also klare Verstöße gegen das 7. Gebot.

Gegenüber der auf Gewinnmaximierung ausgerichteten Geldwirtschaft, deren soziale Folgeerscheinungen Teuerung, Armut und Abhängigkeit sind, erinnert Luther an die evangelischen Weisungen der Bergpredigt, die, „so viel es das gewissen betrifft"[28], auch in wirtschaftlichen Dingen für die Christen eine verbindliche Norm bildet .

Luthers Ethik ist ohne seinen Sündenbegriff nicht zu verstehen. Die von ihm konstatierte inflationäre Vermehrung von Geiz und Wucher in seiner Umwelt gilt Luther als Zeichen der beginnenden Endzeit. Dieser eschatologische Denkansatz bestimmt auch seine Kreuzestheologie, nach der das menschliche Herz sich von den Gütern dieser Welt lösen soll. Geiz und Habgier (avaritia)[29], die ihren Ausdruck im Wucher finden, führen zu zügelloser Profitgier. Wucher wird durch Kontraktformen wie der des Zinskaufes nur verschleiert. In dem Bestreben des Menschen, sich mittels des Geldes der wirklichen, materiellen Unverfügbarkeiten seiner Existenz zu entheben, versucht er, sich der Verfügungsgewalt seines Schöpfers zu entziehen. Das meint die theologische Redeweise vom Dienst des Mammon. Deshalb geißelt Luther die Zinskaufmentalität als ein Sicherheitsstreben, das die menschliche Kreatürlichkeit verkennt, was auf Gottesleugnung hinausläuft. Von dieser Ursünde kann nur die Annahme der Erlösung durch Christus rechtfertigen:

„...groß Geld und Gut (kann) Hunger nicht stillen, noch ihm rathen, sondern verursacht mehr die Theurung. Denn wo reiche Leute sind, ist es allezeit teuer. Zu dem macht Geld niemand recht fröhlich, sondern macht einen viel mehr betrübt und voller Sorgen; denn es sind Dornen, so die Leute stechen, wie Christus den Reichthum nennet. Noch ist die Welt so thöricht, und will alle ihre Freude darinnen suchen."[30] Deshalb denkt Luther, wenn er den Mammonismus geißelt, „an >Geld<, ein Wort des Teufels, durch das dieser alles schafft, wie Gott durch sein Wort. Sobald das Geld beginnt, eine eigenständige, auf seine ständige Vermehrung gerichtete

ökonomische Bewegung zu vollführen, wo es sich in ›naturwidriges‹ Kapital zu verwandeln beginnt", verdammt der Reformator „den Gebrauch von Geld als unnatürlich, schädlich, unmoralisch und teuflisch".[31] Luther bejaht also das Geld als Zirkulationsmittel, lehnt aber dessen Verselbständigung zum Kapital ab.
Ausgehend vom 1. Gebot bestimmt die Antithese ›Gott‹ oder ›Mammon‹ Luthers wirtschaftsethisches Denken. Die Begriffe Wucher und Geiz werden für Luther zum Inbegriff dieser blasphemischen Haltung. Hochmut (superbia) und die 1539 von Luther als Hauptsünde bezeichnete Habgier (avaritia) hindern den Menschen sowohl am Gottesdienst wie auch an dem von Gott geforderten Dienst am Mitmenschen. »Geizwänste« wollen die Menschen beherrschen, ja sie fordern geradezu göttliche Verehrung, womit sie gegen das erste Gebot verstoßen. Anderseits praktizieren sie vielfältigen, unersättlichen Mord und Raub[32], indem sie anderen Menschen ihre Lebensgrundlage entziehen. Diese teuflische Maximierung des Potentials der Mächte der Finsternis führt Luther 1539 dazu, die Anwendung der Kirchenzucht gegen Wucherer zu verlangen, womit er Geiz und Habgier und deren Folge den Wucher, d. h. unersättliche, menschenverachtende Profitgier, implizit zum ethisch begründeten Bekenntnisfall erklärt.[33]
Wenn Luther mit der bisweilen individualisierend-monokausalen Anwendung der Begriffe Habgier und Wucher auch die sozioökonomischen Probleme seiner Zeit nicht hinreichend beschreiben kann, so trifft er damit doch das Wesen kapitalistischen Denkens und Handelns. Im Rahmen seines eschatologischen Denkens bilden die Mächte des Frühkapitalismus einen Teil des satanischen Zerstörungspotentials. „Luther ist von der Kraft jener Mächte, die Gottes Reich zerstören wollen, tief überzeugt, so daß er sich nicht der Illusion hingibt, Ermahnungen, die ›Regeln der Billigkeit‹ einzuhalten (Barge), würden irgendetwas in der Welt verändern." Aber er will dennoch das Wort Gottes öffentlich so klar zu Gehör bringen, daß jeder versteht, worum es geht, daß nämlich die wirtschaftsethischen Fragen auch die eigene Seligkeit berühren. Tatsächlich gehen die Vorgänge der Wirtschaft und des Handels jeden an, „sei es als Produzent, Verbraucher, Käufer, Kaufmann, Handwerker, Kreditgeber und -nehmer, als Ratsherr, Fürst, Hausvater, Hausmutter, Priester, Lehrer, als Tagelöhner, Arbeitsloser oder Bettler". Luther ist trotz aller Widerstände, die er sieht, überzeugt, daß die Verhältnisse sich ändern werden, wenn Gottes Wort gehört wird.[34]
Luthers aus der Bergpredigt gewonnene Utopie ist eine kreditlose Wirtschaft, deren Grundzüge er entwarf. Aber er strebt keine biblizistische Reglementierung der Wirtschaft an. Er schlägt immer wieder Wege vor, die aus christlicher Sicht noch zu verantworten sind. Deshalb macht er konkrete Vorschläge zur kaufmännischen Preisbildung nach dem Prinzip der Billigkeit, zu auch die Gewährleistung der ›ziemlichen Nahrung‹ und des »feyhls im Handel« gehört, aber genauso der Schutz der legitimen Interessen der Nächsten, der beim Handel nicht übervorteilt werden darf (Goldene Regel).[35]
Es ist eine Stärke der Ethik Luthers, daß er unter Recht nie nur die streng normative Anwendung als richtig erkannter Prinzipien versteht, sondern daß er immer un-

ter dem Aspekt der Billigkeit ihre Auswirkung im Einzelfall mit zu berücksichtigen sucht. Deshalb lehrt Luther auch kein unbedingtes Zinsverbot, sondern erklärte schon im »Kleinen Sermon« 1519[36] Zinsgeschäfte von 4–6% unter bestimmten Umständen für tragbar. Auch im »Großen Sermon«[37] sah er 1520 bei beiderseitigem Bedürfnis Kaufwechsel zu diesem Zinssatz als tolerierbar an und akzeptierte schließlich 1539 in der »An die Pfarrherrn wider den Wucher zu predigen. Vermahnung« begründete Verzugszinsen (Schadewacht) und Notwucher. Aber immer kommt es ihm darauf an, daß der Zins nicht zu einem situationsunabhängigen starren Recht zu Lasten des Nächsten wird.

Der originelle Ansatz der Ethik Luthers basiert also auf einem Verständnis der Bergpredigt, das durch die Unterscheidung von Gesetz und Evangelium bestimmt ist. Er grenzt sich vom Bestreben des *linken Flügels der Reformation* ab, die Bergpredigt als nova lex für die unmittelbare Weltgestaltung zu betrachten. Aber auch wenn er die Bergpredigt nicht zu einer politischen Norm erhebt, reduziert er sie keineswegs zu einer Individualethik, wie in der älteren Forschung teilweise angenommen. Die Bergpredigt gilt also nicht nur als evangelische Paränese, sondern auch als *usus theologicus legis* uneingeschränkt für alle Christen. Hier kann es keine Stufen- oder Ständeethik geben.[38] Die Bergpredigt darf aber nicht gesetzlich verfälscht werden, d. h. zu einem politischen Handlungsprogramm gemacht werden, das im Sinne des *primus seu politicus usus legis* mit staatlicher Gewalt durchgesetzt wird.

Andererseits kommt es nicht zu einer unausgleichbaren Spannung zwischen den Forderungen der Bergpredigt an den Menschen als Christperson, also die individuelle Sphäre betreffend, und seinem Handeln als Weltperson, d. h. in Amt und Beruf, denn die Grenzen zwischen Luthers Person-, Amts- und Standesbegriff sind fließend. Auch das Recht der Stände beruht auf ihrer Dienstfunktion für den Nächsten, weil die Forderungen der Bergpredigt in Gestalt der neu verstandenen Goldenen Regel dem natürlichen Recht es verschärfend folgen, weshalb sie auch richtungsweisend für die Obrigkeit sind. Sämtliche Stände, Ämter und Dienste sind in Gottes weltlichem Regiment damit beauftragt, für die Sicherung der Lebensrechte aller Menschen einzutreten. Der Christ hat also als Weltperson auch ungerechte soziale Strukturen, selbst wenn sie auf Rechtstiteln beruhen, zu hinterfragen. Denn gerade in einer Übergangssituation bedarf es neuer Regelungen durch die Obrigkeit. Wie beim Eigentumsbegriff ist Luthers ethisches Denken bezüglich der Arbeit und der Arbeitsverhältnisse von den Strukturen des *status oeconomicus* geprägt. Nicht Produktivität, Ertrag, Erwerb oder Arbeitsleistung, also die Prinzipien des aufkommenden Frühkapitalismus, bestimmen seine Arbeitsethik, sondern der Dienstcharakter der Arbeit für das Gemeinwesen und die Ermöglichung der Bedarfsdeckung.

Luther erkannte, daß der monastische Müßiggang das Gemeinwohl gefährdete und noch dazu eine negative Vorbildfunktion für arbeitsunwillige Arme haben mußte. Nicht nur die *avaritia* der Besitzenden, sondern auch eine negative Einstellung von Teilen der Bevölkerung zur Güter produzierenden Arbeit war in den Augen Luthers ein Faktor für die Aufrechterhaltung von sozialem Rückstand und Armut.

Um der *avaritia* zu steuern und den Armen zu helfen, förderte er die Gründung »gemeiner Kästen«, d. h. kommunaler Sozialkassen. Hier ging es Luther genau wie bei seinem Kampf gegen den Wucher um praktische Armenhilfe. Gegenüber der Unlust zu regulärer Tätigkeit erinnerte er an den paulinischen Grundsatz: „Wer nicht arbeitet, soll auch nicht essen" (2 Thess 3,10b).
Arbeit ist für Luther indes nicht nur eine Bedingung zum Lebensunterhalt, sondern Bestandteil der Gottesbeziehung. Denn Gott würdigt den Menschen, sein Mitarbeiter auf Erden zu sein, weshalb der Reformator Arbeit bzw. den arbeitenden Menschen auch die »Larve«[39] (Maske oder Hülle) nennen kann, „unter der der verborgene Gott selber alles wirkt und damit den Menschen das gibt, was sie zum Leben nötig haben".[40] Indem er die menschliche Arbeit als Tun im Dienste der Schöpfung qualifizierte, konnte er die mittelalterliche Hochschätzung der Muße der Kontemplation genauso als unmoralisch bekämpfen wie den Müßiggang arbeitsscheuer Elemente.

4. Aufgaben der geistlichen und weltlichen Obrigkeit

Luthers Kampf gegen den Wucherzins ist nur ein Teilaspekt seines Kampfes für soziale Gerechtigkeit. Einerseits hat Luther dem Rat von Danzig von einem abrupten Zinsverbot abgeraten, andererseits hat er durchaus die Möglichkeit einer völligen Abschaffung des Zinses durch die Obrigkeit offengelassen. Diese Flexibilität ist Luther z. B. von marxistischer Seite als Inkonsequenz angelastet worden.
Luther sah auch auf den Gebieten der Wirtschaftsgesetzgebung und der Festsetzung von Höchstpreisen in Notzeiten Handlungsbedarf für die Obrigkeit, denn er lebte in einer wirtschaftlichen Übergangssituation, in der viele Fragen neuer Regelungen bedurften. So entzog sich damals der Fernhandel zunehmend jeder Kontrolle der territorialen Obrigkeiten. Die Zinsfrage war für Luther so wichtig, weil er sie nicht als eine Begleiterscheinung, sondern geradezu als Ausdruck des gottwidrigen Geistes des Frühkapitalismus[41] versteht.
Aber bezüglich Luthers Reaktion darauf muß man zwischen den beiden Regimenten differenzieren. Das Predigtamt als Teil des geistlichen Regiments Gottes muß, ausgehend vom 1. und 7. Gebot und von der Bergpredigt im Sinne des *usus theologicus legis* vor dem kapitalistischen Geist, der im Handelskapital in monopolitischen Praktiken wirksam wird und im Finanzkapital in Form der Vermehrung des Kapitals durch feste Zinssätze denkt, eindringlich warnen, weil er unter Absehung von Gott selbstmächtig über das Leben, die Zeit, die Gaben der Schöpfung und damit auch über die Arbeits- und Produktionsbedingungen verfügen will. Die Folge ist sowohl eine Störung der Gesellschaftsordnung wie auch eine Herabsetzung der menschlichen Arbeit, bei der eine sichtbare Struktur gegenseitigen Helfens nach und nach verdrängt wird von anonymer Abhängigkeit vom Geld.
Das kirchliche Wächteramt ist nach Luthers Auffassung dazu verpflichtet, alle Faktoren des sozioökonomischen Bereichs anzuprangern, die Verstöße gegen den De-

Martin Luther, Ordnung eines gemeinen Kastens. Ratschlag, wie die geistlichen Güter zu handeln sind; Wittenberg 1523

Martin Luther, Was Hoffnung sei... Welche guten Werke seien; 1524

kalog und die sich aus dem Gebot der Nächstenliebe und der Goldenen Regel ergebende Forderung der Billigkeit darstellen. Das bedeutet, daß die Kirche durch Predigt, Katechese, Fürbitte, Seelsorge und als *ultima ratio* auch Kirchenzucht ihren Gliedern die Befolgung der ethischen Maßstäbe für den Umgang mit weltlichen Gütern nahebringen muß.

Die Aufgabe des weltlichen Regiments der Obrigkeit als Teil des weltlichen Regiments Gottes kann für Luther nicht darin bestehen, die evangelischen Prinzipien für das Geschäftsgebaren durchzusetzen, sondern nur grobe Mißbräuche zu verhindern. Dementsprechend erklärte er 1525 dem Rat der Stadt Danzig ausdrücklich, daß geistliches und weltliches Regiment geschieden werden müssen und nicht vermischt werden dürfen, und exemplifiziert dies an der Zinsfrage. Zinskauf und Zinspfennig bleiben für ihn „ganz unevangelisch, da Christus lehrt: ›Leihet ohne Wiedernehmen!‹" (Mt 5,42). Aber da „das Evangelium ... ein geistlich Gesetz" sei, das „der Geist Gottes lehren und regieren" müsse, zu dem man einen Menschen genauso wenig zwingen könne wie zum Glauben, sei es nicht die Aufgabe des weltlichen Regiments, Abweichungen von dieser evangelischen Weisung schlagartig zu unterbinden. Die Weisung ist zu predigen, nicht zu erzwingen, „denn das Evangelium erfordert willige Herzen, die der Geist Gottes treibt". Menschliche Ordnung, Gesetze und Gewohnheiten sollen nach 1 Petr 2,13 nicht zerrissen werden, das gelte auch für die

Zinsen, aber es sei Aufgabe der Obrigkeit, sie >zurechtzubringen<, und zwar sie nach dem Grundsatz der Billigkeit ('epieíkeia/ aequitas) zu regeln.
Nach der Billigkeit gibt es aber für Luther eine Alternative: Entweder kann eine Obrigkeit die Zinsen abschaffen, dann soll sie es nicht abrupt tun, um Härten und Ungerechtigkeiten zu vermeiden, oder sie kann das Zinswesen sozialverträglich regeln, wofür Luther zwei Möglichkeiten sieht.[42]

Wie auch im Streit mit Strauß[43] in Erfurt empfiehlt Luther einen mäßigen Höchstzinssatz. 5% Zinsen können billigerweise erhoben werden, aber die Verpflichtung zur Zinszahlung muß abhängig bleiben vom Ertrag von vorher genannten Sachen wie Acker, Wiesen, Teiche und Häuser. Der Rat oder eine Kommission >vernünftiger Leute< haben über die Zinszahlung zu entscheiden, d. h. also Luther bleibt bei seinem Grundsatz der Risikobeteiligung des Gläubigers. Die andere Möglichkeit sei, daß vermögende Gläubiger, die schon lange Zeit Zinsen eingenommen haben, einen Teil der gezahlten Zinsen als Tilgung auf die Schuldsumme anrechnen. Ist der Gläubiger aber alt und unvermögend, so soll nichts abgezogen werden, daß man ihm „nicht also das Maul von der Krippen stoße und zum Bettler mache".[44] Auch hier ist also der soziale Gesichtspunkt für Luther maßgebend, der der Sache nach das 1539 gebilligte »Notwücherlein« antizipiert. Das Prinzip der Billigkeit stellt dabei die Brücke zur Bergpredigt dar.

Luther betont die Verantwortung der weltlichen Obrigkeit für die Güterordnung und sieht es als ihre Aufgabe an, das Ethos der Goldenen Regel zum Schutz der Schwachen durchzusetzen. Diese Verantwortung beschränkt sich nicht auf Marktregulierungen zur Sicherstellung der für die Versorgung lebenswichtigen Güter und zur Gewährleistung gerechter Preise und vertretbarer Zinssätze, jedenfalls solange, wie Zinsen nicht gänzlich abgeschafft sind, sondern sie schließt, wie Luthers Beteiligung an der Antimonopolbewegung zeigt, auch gesetzliche Maßnahmen gegen große Handelshäuser ein, die der Reformator wegen der wirtschaftlichen und sozialen Folgen ihres ungehemmten Konkurrenzverhaltens und ihres ungezügelten Profitstrebens, modern gesprochen, geradezu als Ausdruck sündiger Strukturen betrachtet. In seinem Rechtsunterricht fordert Luther 1539 auch strukturveränderndes Handeln gegen falsche Bodentitel.

Auch die von Luther geförderte Aufhebung von Klöstern, Gründung von Schulen und Erstellung von Kastenordnungen zeigt, daß der Reformator kein Verteidiger überholter Institutionen und Strukturen war. Er erwartete von der Obrigkeit die Bewältigung des Problems der Armut und war sich darüber im klaren, daß dazu neue Rechtsordnungen erforderlich waren. Wenn Christen als Amtspersonen nach der Billigkeit, d. h. nach der durch Liebe geleiteten Vernunft handeln sollen, bedeutet das, daß gesellschaftlicher Frieden auch durch entsprechende gesetzgeberische Maßnahmen ermöglicht und gesichert werden muß.

Es darf freilich nicht verschwiegen werden, daß Luthers sozioökonomische Vorstellungen auch gravierende Ungereimtheiten, Widersprüche oder sogar ethische Entgleisungen enthalten, so etwa die 1539 erhobene Forderung, die Obrigkeit möge arbeitsscheue Bettler kurzer Hand hängen lassen.[45] So sehr seine Neubewertung der

Arbeit und seine Erkenntnis, daß Armut und Reichtum nicht fatalistisch als gottgegeben zu betrachten seien, zur Überwindung der Armut beitragen konnte, so inkongruent war diesbezüglich sein Beharren auf feudalen ländlichen Eigentumsstrukturen mit Frondiensten und Leibeigenschaft, die es einem großen Teil der Landbevölkerung weiterhin unmöglich machten, Armut und Abhängigkeit zu überwinden und sich einen gewissen Wohlstand zu erarbeiten.

5. Überlegungen zur aktuellen Relevanz der sozialethischen Forderungen Luthers

Als unaufgebbare Frucht der Theologie des Reformators ist festzuhalten, daß Evangelium und Ethik untrennbar miteinander verbunden sind. Deshalb nennt er in »Von den guten Werken« den Glauben das erste gute Werk. Maßstab der guten Werke als Früchte des Glaubens ist „der Nutzen des Mitmenschen, nicht die Vergewisserung der eigenen Seligkeit und Frömmigkeit".[46] Hinsichtlich der aktuellen Relevanz der ethischen Aussagen Luthers ist zwischen seinen formalen und materialen Aussagen zu unterscheiden. Luthers ethische Maxime, die er aus der Bergpredigt entwickelt, nämlich der Schutz des Schwachen, muß ein unaufgebbares Ziel christlichen Handelns bleiben. Insofern hat die katholische Kirche Lateinamerikas, die 1979 in Puebla die »vorrangige Option für die Armen« zur theologischen und ethischen Norm erhoben hat, im Sinne des Reformators gehandelt.
Konkrete Handlungsanweisungen sind natürlich nicht im fundamentalistischen Sinne aus Luthers Ausführungen zu erheben, denn seine Welt ist nicht unsere Welt. Den Wandel der Welt seit der Zeit Luthers kann man am heutigen Arbeits- und Weltverständnis verdeutlichen, das nicht durch Luther, sondern durch Aufklärungsprediger vermittelt worden ist, die den Fortschrittsgedanken als Sinn des Lebens gepredigt haben. Die veränderte Einstellung zur Arbeit ist durch methodische Zeiteinteilung und Selbstbeherrschung des Bürgers und durch die dem Industriearbeiter von der industriellen Revolution des 19. Jh. aufgezwungene innere und äußere Disziplinierung gekennzeichnet.
Im 16. Jh. fanden die Menschen noch eine Welt zur Bearbeitung vor, heute stellen sie ihre Welt durch Arbeit her. Luthers Arbeitsbegriff „erlaubte wohl >Erbeiten, daß man Güter kriegt, das ist recht<[47], ließ also zu, daß der Mensch durch Arbeit in Auskömmlichkeit und Wohlstand lebte ...; er gestattete aber nicht, darin den Inhalt des Lebens oder gar das Streben zur Akkumulation und Expansion von Kapital und Wirtschaftsmacht zu sehen". Zum lutherischen „Arbeitsbegriff gehörte Zufriedenheit im Hinblick auf irdischen Besitz an dem das >Herz< nicht hängen sollte. In der modernen Erwerbswelt aber darf es reine Zufriedenheit nicht mehr geben, weil sie prinzipiell Stillstand oder Rückschritt bedingt. So führt keine Brücke von christlicher Arbeit zum modernen >Kapitalismus<."[48]
Obgleich also Luthers Aussagen zu Arbeit und Beruf Probleme seiner Zeit spiegeln, überschreiten sie doch diesen engen Rahmen. Weil seine Arbeits- und Berufstheologie auch schon ein Widerspruch gegen die damals herrschenden Einstellungen war,

bietet seine theologische Grundlage noch für die gänzlich veränderte heutige Situation ein Potential des Widerstands gegen bestimmte Entwicklungen und Einseitigkeiten. Dies gilt mutatis mutandis auch für einen Teil seiner wirtschaftsethischen Vorstellungen. Wenn man auch nur implizit Schlüsse aus Luthers ethischem Ansatz ziehen kann, werden doch Christen als Weltpersonen seine prinzipiellen Warnungen vor dem Mammon als Verabsolutierung des Profitdenkens, exzessiven Zinsen und Ausnutzung der Notlage anderer und seinen positiven Ansatz durch die geistliche Auslegung des Dekalogs mittels des Doppelgebotes der Liebe und der Bergpredigt, konzentriert in der Goldenen Regel, beachten müssen. In Luthers Sinne muß bei wirtschaftlichen Transaktionen immer zuerst nach der Gerechtigkeit gefragt werden. Dem sind die Fragen der Wirtschaftlichkeit, d. h. auch die Frage nach Profit und Zins, unterzuordnen. Daraus folgt, daß für Luther die bis heute immer wieder erhobene Behauptung einer »Eigengesetzlichkeit« der Wirtschaft ethisch inakzeptabel ist.

Luthers Frage nach der Gerechtigkeit, die aus der Bezogenheit des Christen auf den Nächsten resultiert, muß heute allerdings schöpfungstheologisch ergänzt werden durch die ökologische Frage: Ist ein wirtschaftliches Vorhaben mit der menschlichen Aufgabe der Erhaltung der Schöpfung vereinbar? Tschernobyl oder die Tankerkatastrophen von Alaska, La Coruña, den Shetlands und 1999 der »Erika« mit ihrem Totenkopf-Öl illustrieren diese Notwendigkeit. Da die Erhaltung der Umwelt zugleich ein volkswirtschaftliches Problem darstellt, muß in der Wirtschaft generell das rein betriebswirtschaftliche Denken überwunden werden, das außerbetriebliche Kosten wirtschaftlichen Handelns einfach ausgrenzen kann.

Hören wir dazu eine berufene Stimme aus der Wirtschaftswissenschaft. In der Wirtschaftswissenschaft wird die Ökonomie heute als ein autonomes Subsystem verstanden. Der Göttinger Wirtschaftswissenschaftler Hesse betont, daß der Wirtschaft die Funktion zukomme, „Armut und wirtschaftliche Not von den Menschen fernzuhalten und die materiellen Grundlagen der Gesellschaft, d. h. aller einzelnen, zu sichern und zu stärken ... Wie andere Subsysteme muß sie nach ihrer eigenen Sachgesetzlichkeit gestaltet werden, muß sie nach ihren eigenen Gesetzen funktionieren. Die jedem gesellschaftlichen Subsystem eigene Gesetzlichkeit ist grundsätzlich frei von Moral. Nicht die einzelnen Sachgesetze unterliegen moralischem Urteil, sondern nur das, was sie als Ergebnis insgesamt hervorbringen." Der Rahmen der für das Gesamtsystem gesellschaftlichen Lebens gültigen Normen gilt mithin auch für jedes Subsystem. Wenn für das Gesamtsystem als Norm gilt, daß „Menschen vor Ausbeutung und Bedrohung durch andere" geschützt werden müssen, dann „muß diese Norm auch in der Wirtschaft gelten". Ethik und Sachgemäßheit sind demnach keine Widersprüche. Eine Wirtschaftsordnung, die dem heute als sachgemäß erkannten „Ziel allen Wirtschaftens, nämlich dem sparsamen Umgang mit und dem effizienten Einsatz von knappen Ressourcen, nicht dient," ist „vor allem im Angesicht von Hunger und Elend" auch unter ethischen Gesichtspunkten nicht akzeptabel. „Effizienz wird insoweit zum moralischen Gebot."[49]

Solche Prinzipien einer im besten Sinne säkularen, weil zugleich vernünftigen Wirtschaftsethik, die sach- und menschengerechtes Wirtschaften miteinander verbindet, die Hesse aus Richs »Wirtschaftsethik« übernommen hat, entsprechen weithin Luthers ethischem Handlungsprinzip im Reich zur Linken (Zweireichelehre), nämlich der durch Liebe und folglich auch Gerechtigkeit erleuchteten Vernunft, die sich stets am konkreten Fall orientiert und daher der Sachlichkeit und Nüchternheit verpflichtet ist.

Die Bedingtheit seiner geschichtlichen Situation darf bei der Beurteilung wirtschaftsethischer Aussagen des Reformators nicht außeracht gelassen werden. Aus dem Duktus seiner Theologie ergibt sich indes, daß manche Erscheinungen der heutigen Finanzspekulation wie Devisenspekulation oder Warentermingeschäfte und Derivatenspekulationen mit seinem ethischen Denken genauso unvereinbar sind wie marktbeherrschende Kartelle und Monopole, sowie durch rein betriebswirtschaftliche Kriterien bestimmtes kaufmännisches Handeln, das ohne Rücksicht auf die Vertriebs- und/oder Produktionskosten und die Situation der Käufer bedenkenlos den höchsten am Markt erzielbaren Preis durchzusetzen versucht oder dort die Steuern zahlt, wo sie am niedrigsten sind.

In der Übergangssituation des 16. Jh. war der Blick Luthers noch stark auf die Personen-bezogenen spätmittelalterlichen Wirtschaftsbeziehungen und auf die noch in seiner Zeit verheerend wirkenden hochverzinslichen Konsumtivdarlehen fixiert. Er hat die Veränderung der wirtschaftlichen Rahmenbedingungen in der 1. Hälfte des 16. Jh. noch nicht ganz durchschaut, die sich für ihn immer am Zinsproblem festmachen. Obgleich Zins in Luthers Spitzenaussagen unter das Verdikt des Wuchers fällt, lehnt er den Zins nicht grundsätzlich kasuistisch ab, sondern konditional. „Ein Zinsrecht, wie es Martin Luther vorschwebte, läßt sich nicht einfach als antikapitalistisch abtun." Denn es ist zu bedenken, daß der Geldgeber, „innerhalb der Grenzen der Billigkeit am Ertrag teilnehmen" darf, „der sich aus der Tätigkeit ergibt, die durch das von ihm zur Verfügung gestellte Geld gefördert oder erst ermöglicht wird. Der Geldgeber darf einen Teil des Gewinns beanspruchen, den ein anderer mit seinem Geld erarbeitet hat. Somit blieb die Möglichkeit erhalten, daß >fremdes< Geld in die Produktion einfließen und zu Kapital werden konnte, wenn auch nicht in unkontrolliertem Maße". Freilich bleibt Luther bei seiner Forderung nach Beteiligung des Finanzkapitals am Geschäftsrisiko. Auch darf nicht außeracht gelassen werden, daß Luthers Blick vornehmlich auf die agrarische Produktion und auf die Ebene der einfachen Warenproduktion gerichtet blieb.[50]

In unserer durch Machbarkeit charakterisierten technisch-industriellen Welt stellt sich auch die Frage nach Produktivkrediten natürlich ganz anders als zu Luthers Zeiten. Luthers Ablehnung des Zinses beruht stets auf der Voraussetzung, daß der Kapitalgeber einseitig Vorteile aus der Notlage eines anderen zieht. Wohnungsbaukassen und Hypothekenbanken etwa, die mit der Differenz zwischen mäßigen Soll- und Habenzinsen arbeiten und breiteren Volksschichten allererst die Möglichkeit zum Erwerb von Wohneigentum schaffen, würden auf der Linie von Luthers ethischem Denken keinesfalls unter das Verdikt des Wuchers fallen.

Es darf nicht übersehen werden, daß der Machtmißbrauch des Finanzkapitals durch

Wucher oder des Handels- bzw. Industriekapitals durch Monopolpraktiken, die Luther angeprangert hat, seitdem in der Geschichte des Kapitalismus noch „eine gewaltige Rolle gespielt" hat: „offene Gewalttätigkeit zur Niederhaltung von Konkurrenten und von Arbeitern und Arbeiterorganisationen, Wertpapierschwindel in großem Stile, um Sparern das Geld aus der Tasche zu ziehen und ihre in Aktien verbrieften Ansprüche dann durch falsche Börsengerüchte zu entwerten; Wucherpreise für Land oder Waren in besonderen Zwangslagen usw., sehr häufig unter stillschweigender Duldung durch die Behörden und Gerichte. Erst allmählich hat die öffentliche Meinung im Rechtsstaat und die wachsende Macht der Demokratie solche Gewinnquellen versperrt. Allgemein ist unbestreitbar, daß ein System im Dienste des Profitstrebens die Selbstsucht anstachelt und zu einer sekundären Tugend erhebt."[51]
So zutreffend diese Feststellung auch ist, bleibt doch zu bedenken, daß Eigennutz eine menschliche Realität ist, auf die sich eine rationale Wirtschaftsordnung einstellen muß. Gerade angesichts des Zusammenbruchs des Systems des »real existierenden Sozialismus« erscheint Hesses Warnung vor Versuchen, Theorieentwürfe verwirklichen zu wollen, die von der Voraussetzung ausgehen, auf besseren Menschen eine bessere Gesellschaft zu errichten[52], als sachgemäß.
Luthers Kampf gegen Monopole traf einen besonders typischen Zug des Kapitalismus, wie die gegenwärtige Konzentrationsbewegungen der Wirtschaft im Zeichen der multinationalen Gesellschaften und die Schwierigkeiten, dagegen nationale Kartellgesetze anzuwenden, zeigen. In gewisser Weise befinden wir uns heute in einer vergleichbaren Übergangssituation wie Luther, in der staatliche Gesetze nicht mehr recht greifen. Galt das im 16. Jahrhundert für die großen Handels- und Finanzgesellschaften, so gilt das heute besonders für die multinationalen Unternehmen und alle Erscheinungen der Globalisierung.
In der „pluralisierten Gesellschaft" des 19. und 20. Jh. konnte die individuelle Moral der Unternehmer die ethischen Rahmenbedingungen des Subsystems Wirtschaft auch im nationalen Rahmen nicht mehr sichern. Dieser Verlust an Lenkungskraft ist durch den „Ausbau der rechtlichen und institutionellen Rahmenordnung für die Wirtschaft und des Systems von materiellen Anreizen zu erwünschtem wirtschaftlichen Handeln und von Sanktionen bei unerwünschten ökonomischen Aktivitäten ausgeglichen worden." Die Frage nach der Moral in der Wirtschaft gilt heute weniger der Verantwortung der individuellen wirtschaftlichen Entscheidung als „der Verantwortbarkeit des ökonomischen Systems im ganzen".[53]
Eine Beurteilung des kapitalistischen Systems kann aber nur unter Einbeziehung der von ihm verursachten Erscheinungen in der früher sogenannten Dritten Welt erfolgen. Der europäische Beobachter hat den in den Industrienationen der nördlichen Hemisphäre mehr oder weniger innerhalb der sozialen Marktwirtschaft gezügelten >trilateralen< Kapitalismus[54] vor Augen, der sich hier als das relativ am besten funktionierende Wirtschaftssystem erwiesen hat. Dieser Begriff ist inzwischen überholt, denn nun ist ja noch eine weitere asiatische Komponente hinzugekommen. Aber nur die Auswirkungen des Kapitalismus auf die Industrieländer in den Blick zu nehmen, heißt die »eine Welt« aus dem Blick zu verlieren, also die Menschen in den

Entwicklungsländern zu vergessen, die dem >peripherischen< Kapitalismus ausgesetzt sind, der bisher keinerlei soziale und ökologische Reformbereitschaft bewiesen hat. Der Nord-Süd-Konflikt zeigt, daß die Funktionstüchtigkeit des Kapitalismus eindeutig zu Lasten der Entwicklungsländer und neuerdings auch des zerfallenen Ostblocks geht.

Viele der von Luther kritisierten Praktiken des Kapitalismus gehören in den Entwicklungsländern nach wie vor zu den Alltagserscheinungen. Z. B. besteht das von Luther zutreffend kritisierte Problem des Fernhandels mit Luxusgütern dort in leicht veränderte Form fort. So wie damals in Deutschland volkswirtschaftlicher Schaden entstand, weil verfügbares Kapital nicht in die Produktion investiert, sondern von einer kleinen Oberschicht zum Konsum von eingeführten Luxusgütern verbraucht wurde, so entsteht heute ein vergleichbarer Schaden, weil die »Staatsklasse«[55] der Entwicklungsländer die ohnehin knappen Devisen der jeweiligen Volkswirtschaften für den Import von Luxusgütern verschwendet oder die knappen Devisen auf eigene Fluchtkonten in der Schweiz oder anderswo verschiebt.

Im Zeichen der Umweltkrise und der Forderung der sozialen Menschenrechte hat die Frage nach gerechten Preisen, die von auskömmlichen Löhnen und umweltverträglichen Produktions- und Entsorgungsbedingungen abhängen, neue Aktualität gewonnen. Der Jesuit Ignacio Ellacuría, Rektor der Zentralamerikanischen Universität in San Salvador, einer der entscheidenden Vermittler für den Friedensprozeß in El Salvador, der offenbar gerade wegen dieser Funktion eines der acht Todesopfer des Massakers rechtsgerichteter Militärs im November 1989 wurde, hat in seinem Vortrag in Marburg im Okt. 1989 bemerkt: „Es gibt keinerlei Reformen des Kapitalismus auf dem Subkontinent ... Und nirgendwo hat sich die bevorzugte Option für die Armen, die Überwindung der Dynamik des Kapitals und die Forderung einer neuen internationalen Wirtschaftsordnung durchgesetzt, und noch weniger hat man die Form gefunden, in der das unterdrückte und beherrschte Volk zum primären Subjekt der Prozesse wird." Es erinnert an Luthers Kritik an den >Monopolia< von 1524, wenn Ellacuría feststellt: „Die grundlegende Dynamik, dem anderen das Eigene zum höchstmöglichen Preis zu verkaufen und vom anderen das von ihm Angebotene zum niedrigsten Preis einzukaufen, gepaart mit der Absicht, die eigenen kulturellen Normen zu übertragen, um ihn in Abhängigkeit zu halten, zeigt sehr klar, wie inhuman das System ist, das auf dem Prinzip beruht, daß jeder Mensch des anderen Wolf ist (Hobbes), und nicht auf dem Prinzip einer möglichen und wünschenswerten universalen Solidarität."[56] (Vgl. ALDI contra Tranfair etc.)

Hier kann zweifellos nur eine neue Weltwirtschaftsordnung helfen, die den Kapitalismus im Rahmen einer weltweiten sozialen Marktwirtschaft verbindlichen moralischen Normen unterwirft. Dies aber „setzt eine feste Weltgemeinschaft der Menschen voraus, in der sich jedermann als einer von allen Menschen betrachtet und nicht mehr allein als ein Mitglied seiner engen Familie oder nur als einer von allen Angehörigen seines Volkes".[57]

Auch im Blick auf die Verzerrung der *Terms of Trade*, also der Relation zwischen Preisen für importierte Rohstoffe und exportierte Fertigwaren, im Warenverkehr zwischen den Industrie- und Entwicklungsländern, die zu einer immer größeren Ausbeutung der in den Entwicklungsländern arbeitenden Bevölkerung führt, erscheint die Frage nach gerechten Preisen, die Luther aus dem scholastischen Denken übernommen hat, keineswegs so abwegig und antiquiert, wie früher angenommen, wenn sich auch das Luther bekannte System fester behördlicher Preistaxen nicht bewährt hat und Anfang des 19. Jh. endgültig überwunden worden ist. Die Frage ist freilich, wie weltweit gerechte Preise erreicht werden können. Diesbezüglich reicht es nicht, wenn Hesse bemerkt, mit Luther können Forderungen der Entwicklungsländer nach gerechten Preisen, „die am Sachgemäßen völlig vorbeigehen, nicht begründet werden". Hier müßte zunächst geklärt werden, was diesbezüglich sachgemäß ist. Man wird Hesse darin zustimmen können, daß mit Preisfestsetzungen das globale Problem einer Weltwirtschafts- und Sozialordnung nicht zu lösen ist, aber zugleich betonen müssen, daß völlig verzerrte Preise, die auf Hungerlöhnen und die Umweltschäden nicht berücksichtigenden Transportkosten basieren, ein Indikator für ein nicht menschengerechtes, ein nicht umweltgerechtes und folglich nicht sachgemäßes Wirtschafts- und Sozialsystem sind.

Hinsichtlich der gigantischen Schuldenkrise, in die große und kleine Staaten der Dritten Welt verstrickt sind, ist einerseits Luthers Kritik an Konsumtionskrediten noch ziemlich aktuell, wenn man bedenkt, daß ein nicht geringer Teil der Kredite über den jeweiligen Staatsapparat zu Konsumzwecken der »Staatsklasse« ausgegeben bzw. im Zuge der Korruption auch selbst vereinnahmt und in Fluchtkapital verwandelt worden ist. Luthers Gesichtspunkt der Ausnutzung der Notlage eines anderen müßte angesichts mancher Praktiken der Kreditgewährung zwischen Privatbanken bzw. Weltbank und Drittweltregierungen von der individuellen auf die kollektive staatliche Ebene gehoben werden.

Schließlich bleibt Luthers Hauptforderung zu bedenken, daß der Kreditgeber am Geschäftsrisiko zu beteiligen ist. Wenn Privatbanken im Zeichen des Petrodollar-Booms überaus leichtsinnig Entwicklungsländern Kredite geradezu aufgedrängt haben, die nicht produktiv investiert worden sind, dürften die Zinsbedienung solcher Kredite nicht auch noch mit internationalen Finanzmechanismen wie Weltbank und Weltwährungsfond zum Nachteil der Masse der armen Bevölkerung erzwungen werden. Für Luther ist im voraus berechneter Zins nicht nur zu verwerfen, weil er dem Nächsten allein das Risiko aufbürdet, sondern auch weil er „die Zukunft aus Gottes Verfügung" herausnimmt, was der Gotteslästerung gleicht.

Außerdem ist die zumindest implizit vom Reformator erhobene Forderung nach »gerechten Zinsen« bedenkenswert, da ein erheblicher Anteil des Schuldenbergs mit den explosionsartig angestiegenen Zinsen zusammenhängt. Hier könnte es helfen, wenn Entwicklungskredite in viel höherem Ausmaß als bisher von den Geberländern zu staatlich abgesicherten Niedrigzinskonditionen gewährt würden. Schließlich leuchtet die Aktualität des Gedankens, daß ein reicher Gläubiger einen Teil der gezahlten Zinsen auf die Schuldsumme anrechnen sollte, unmittelbar ein. Wenn er von der von Luther vorgeschlagenen personalen Ebene zwischen Gläubiger und Schuldner auf die zwischenstaatlichen Ebene übertragen würde, könnte er einen

Beitrag zur Bewältigung der Schuldenkrise leisten, freilich nur, wenn gleichzeitig menschengerechte und sachgemäße interne Wirtschafts- und Sozialreformen in den Schuldnerländern erfolgten. Außerdem können Christen in viel größerem Maße als bisher nicht nur entsprechend dem zweiten Grad der Bergpredigt über Entwicklungsorganisationen a fond perdu helfen, sondern auch entsprechend dem dritten Grad nach dem Modell der ökumenischen Entwicklungshilfebank durch zinsfreie Einlage von Vermögensanteilen, so daß zinsfreie Darlehen für Basisprojekte verstärkt ermöglicht werden.

Luthers Kampf gegen menschenverachtende Profitgier entspricht einer biblisch begründeten ethischen Grundorientierung, die nichts an Aktualität verloren hat und die mit Hilfe der Goldenen Regel auch Nichtchristen plausibel gemacht werden kann.

Schließlich wäre auch theologisch zu bedenken, was es bedeutet, daß wir in einer Zeit leben, in der einerseits menschliche Schuld vor Gott, deren Last Luther umtrieb und nach dem gnädigen Gott suchen ließ, der auch den Schuldigen rechtfertigt, verharmlost und relativiert wird, daß aber anderseits irdische Schulden gegenüber Menschen, menschlichen Bankunternehmen oder Staaten in einem Maße verabsolutiert werden, daß ihre Begleichung geradezu als heilige Christenpflicht betrachtet wird, für die es auch im Notfall keine Alternative gibt. Der Weltwährungsfond betrachtet Staaten, die nicht zahlen können, geradezu als moralisch schuldig. Und die Reichen neigen überall dazu, Armut mit Faulheit gleichzusetzen. Als Christen sollten wir uns von Luther ermutigt fühlen, nach den Rahmenbedingungen eines Weltwirtschaftssystems zu fragen, das Staaten serienweise zu ewigen Schuldnern verurteilt. Wenn es in diesem Zusammenhang eine moralische Schuld gibt, ist sie gleichermaßen bei Gläubigern und Schuldnern zu suchen. Das ist die theologische Konsequenz der Rechtfertigungslehre.

Von Luther her sind die Kirchen aufgefordert, christliches Verständnis von Arbeit und Wirtschaft, von Gerechtigkeit und Verantwortung für die Schöpfung im Dialog mit Vertretern der Wirtschaft stärker zur Geltung zu bringen.

Anmerkungen:

[1] Sozialwissenschaftliche Schriftenreihe Nr. 3, hg. v. Herbert Holtzhauer und Dieter Roser (Neckarverlag H. Holtzhauer) Schwenningen/N.
[2] Vgl. hierzu Thomas H. Diehl u. Carsten Feller (Hg.), Das Ende der Geschichte?! Die »Neue Weltordnung« nach der Systemkonfrontation, Gießen 1994.
[3] Vgl. z. B. GKKE (Hg.), Schuld und Verschuldung – Ein kirchlicher Dialog zwischen Nord- und Süd. Brasilianisch-deutsche Konferenz »Die internationale Schuldenkrise – Ursachen, Auswirkungen, Lösungsansätze« im März/April 1987 in Sankt Augustin bei Bonn. Veranstaltet vom Brasilianischen Kirchenrat (CONIC) und der Gemeinsamen Konferenz Kirche und Entwicklung (GKKE). Schriftenreihe der GKKE H 15, Bonn 1988; Hartmut Sangmeister, Die Lösung der Schuldenkrise in Lateinamerika mit marktwirtschaftlichen Konzepten: Thomas H. Diehl u. Carsten Feller (Hg.), Das Ende der Geschichte?! – Gießen 1994, S. 45-63.
[4] Vgl. Benjamin M. Friedman, Day of Reckoning: The Consequence of American Economic Policy in the 1980's, New York 1988, S. 233ff; 172f; 182; 209ff.

5   Richard Tilly, »Globalisierung aus historischer Sicht und das Lernen aus der Geschichte«: Kölner Vorträge zur Sozial- und Wirtschaftsgeschichte, H 41, Köln 1999, S. 9.
6   Vgl. Martin Robbe, »Globalisierungsliteratur: Diskrepanz zwischen Diagnose und Therapie«: Asien, Afrika, Lateinamerika (Diskussionen und Berichte), vol. 28. 2000. Number 1, 57-64, S. 58. Auch das Jahrbuch Mission 1999 (Hamburg 1999) steht unter dem Gesamtthema »Glaube und Globalität«, vgl. dort Frank Kürschner-Pelkmann, »Die globale Krise – eine Krise der Globalisierung«, S. 6-27. Zur Globalisierung aus der Sicht Lateinamerikas vgl. Wilma Salgado Tamayo, »Globalización, Crisis financiera y Desarrollo«: Cristianismo y Sociedad 1998, XXXVI/4, Nr. 138, 15-41; Roberto Savio, »Tendencias de la Globalización a Finales del Siglo XX«: ebd., 1999, XXXVII/1, Nr. 139, 9-20.
7   Hans Peter Martin/Harald Schumann, Die Globalisierungsfalle, Reinbek 1996.
8   Vgl. Robbe, ebd., S. 61.
9   Vgl. Titelblatt Nr. 39/23. 9. 96: »Total Global. Wie der Turbo-Kapitalismus die Welt verändert«.
10 Ulrich v. Weizsäcker, Eine neue Politik für die Erde. Die globale Partnerschaft von Wirtschaft und Ökologie. Hg. v. Christoph Quarch, Freiburg, Basel, Wien 1999, 102, 105, 120 zit. nach Robbe, a.a.O., S. 61.
11 Georg Wünsch, Evangelische Wirtschaftsethik, Tübingen 1927.
12 Arthur Rich, Wirtschaftsethik, Gütersloh, Bd. I (1984) ^{4}1991, Bd. II (1990) ^{2}1992.
13 Bewältigung der Schuldenkrise – Prüfstein der Nord-Süd-Beziehungen. Eine Stellungnahme der Kammer der EKD für Kirchlichen Entwicklungsdienst. EKD Texte 23, Hannover – 1988, S. 3 bzw. die katholische Erklärung: Die Internationale Schuldenkrise – eine ethische Herausforderung. Zum Beitrag der Bundesrepublik Deutschland. Die Deutschen Bischöfe – Kommission Weltkirche, H 7 Bonn 1987; vgl. auch Schuldenkrise: Zwei Erklärungen – ein gemeinsames Anliegen (o. Vf.): HerKorr 42/7 (1988), 315-317.
14 Joachim Wiebering, Luther in der heutigen theologischen Ethik: Das lebendige Wort. Beiträge zur kirchlichen Verkündigung. Festgabe für Gottfried Voigt zum 65. Geburtstag, Berlin 1982, 112-125, S. 116.
15 H. Thielicke, Theologische Ethik I, Tübingen 1958, S. 31f, Nr. 88f.
16 Vgl. Ekkehard Westermann, Rechtliche und soziale Folgen wirtschaftlicher Konzentrationsprozesse im Mansfelder Revier in der ersten Hälfte des 16. Jh.: Jb. f. Wirtschaftsgeschichte 1990/3, S. 113-130.
17 Vgl. W. Weber, Geld, Glaube, Gesellschaft: Rheinisch-Westfälische Akademie der Wissenschaften, Vorträge G 239, Opladen 1979, S. 13.
18 Vgl. Ekkehard Westermann, Hans Luther und die Hüttenmeister der Grafschaft Mansfeld im 16. Jh. Eine Forschungsaufgabe: Scripta Mercaturae 9, München 1975, S. 53-94. „Zwischen 1508 und 1536 verringerte sich die Zahl der Mansfelder Hüttenmeister von 42 auf 21. Von den 88 Feuern des Jahres 1535 besaß ein Drittel von ihnen allein 47, von denen aber faktisch mindestens 16 zwei Saigerhandelsgesellschaften gehörten. Dieser Konzentrationsprozeß spiegelte sich auch in einer zeitgenössischen Stimme. Sie klagte 1530/31:"...das kein Stadt in Teutschland, darin so grosse hab und guetter die leng so wenig bey keinem geschlecht und namen bleiben als hie zu Eyßleben piß her geschehen ist... (Jahrbuch für Wirtschaftsgeschichte III, 1990) - Westermann in seiner Rezension zu Prien, Luthers Wirtschaftsethik: Vierteljahresschrift für Sozial- und Wirtschaftsgeschichte 80 (1993), S. 228ff. Westermann, Rechtliche und soziale Folgen, weist darauf hin, daß Martin Luther mit einem Brief vom 14. März 1542 die Mansfelder Grafen Philipp und Georg davor gewarnt habe, den Prozeß der Verdrängung der Hüttenmeister und der Feudalisierung des Bergbaus fortzusetzen, sonst könne bald jeder Oberherr seinen Unterherrn auffressen – nach Hanns Freydank, Martin Luther und der Bergbau: Zeitschrift für Berg-, Hütten- und Salinenwesen im preussischen Staate, Bd. 81 (1933), B 315ff, S. 323.
19 Vgl. dazu auch Martin Kessler, Genealogische Beziehungen Martin Luthers zu seinem

Mansfelder Freundeskreis: LuJ 58 (1991), 7-12, S. 7, der nach Dieter Stievermann, Sozial- und verfassungsgeschichtliche Voraussetzungen Martin Luthers und der Reformation: der landesherrliche Rat in Kursachsen, Kurmainz und Mansfeld: Martin Luther. Probleme seiner Zeit, hg. v. Volker Press und D. Stievermann, Stuttgart 1986, 137-176, S. 169, Anm. 153; 171, Anm. 169, darauf hinweist, daß Luther mit Beamtenschaft und Bergunternehmertum des Mansfeldischen auf vielfältige Weise freundschaftlich und verwandtschaftlich verbunden war. Stievermann nennt „in Eisleben den Kanzler Kaspar Müller, die Räte Johann Thür, Dr. jur. Johann Rühel und Dr. jur. Philipp Drachstedt, die Hüttenmeister Jakob Heidelberg und Christoph Moshauer, in Mansfeld die Hüttenmeister Jakob Luther, Nikolaus Oemler, Hans Reincke" und den gelehrten Philipp Gluenspieß, in Hettstedt die Hüttenmeister Stelwagen und in Stolberg den Rentmeister Wilhelm Reiffenstein, von denen Rühel, Drachstedt und Reiffenstein neben der Bestallung im Dienst ihrer Landesherren ebenfalls Hüttenmeister gewesen sind. Sie alle standen – abgesehen von Müller und Thür – nicht nur in freundschaftlicher Beziehung zum Reformator, sondern auch in einem Verschwägerungsverhältnis."

[20] In seiner Schrift »Widerruf vom Fegefeuer« – WA 30 II (360) 367-390 (1530) ist sich Luther dieses Zusammenhangs offenbar bewußt geworden.

[21] Vgl. Jacques le Goff, Wucherzinz und Höllenqualen. Ökonomie und Religion im Mittelalter, Stuttgart 1988, S. 96f.

[22] WA 51, 406, 6.

[23] WA 6, 58, 32.

[24] Irmgard von Schubert, Wirtschaftsethische Entscheidungen Luthers: ARG 21 (1924),49-77, S. 73ff.

[25] Schubert, a.a.O., S. 74 Anm. 1 zit. nach Strieder, Kirche, Staat und Frühkapitalismus: Festschr. Georg v. Hertling, zum 70. Geburtstag, 1913 dargebracht von der Görresgesellschaft, S. 528, Anm. 20.

[26] Schubert, a.a.O., S. 75.

[27] Vgl.: »Von Kauffshandlung und Wucher« – WA 15, 294-332 und »An die Pfarrherrn wider den Wucher zu predigen, Vermahnung« – WA 51, 331-424.

[28] WA 15, 294, 21f.

[29] Vgl. hierzu neuerdings: Ricardo Rieth, »Habsucht« bei Martin Luther. Ökonomisches und theologisches Denken, Tradition und soziale Verantwortung im Zeitalter der Reformation. (Diss. theol. masch., Leipzig 1992) Weimar 1996.

[30] WA.TR 3, 192, 16-20 (3143c), 26. bis 31. Mai 1532.

[31] Theodor Strohm, Luthers Wirtschafts- und Sozialethik: Leben und Werk Martin Luthers. Festgabe zu seinem 500. Geburtstag ... hg. v. Helmar Junghans, Berlin 1983, Bd. 1, 205-223, S. 212; zum Mammonismus vgl. Hermann Barge, Luther und der Frühkapitalismus (SVRG 168) Gütersloh 1951, S. 32.

[32] »Denn Gott ist dem wucher vnd geitz feinder, weder kein mensch denckt, Weil es nicht ein einfältiger mord oder raub, sondern ein vielfeltiger mord und raub ist ...« – WA 51,422, 15ff.

[33] Man spricht vom »casus confessionis stantis et cadentis ecclesiae«, vom Fall des Bekenntnisses, mit dem die Kirche steht und fällt, d. h. von der Notwendigeit, den Glauben in Abgrenzung gegen das Böse klar zu bekennen, um die Kirche vor dem Zusammenbruch durch Unglaubwürdigkeit zu bewahren. In neuerer Zeit haben die Mitgliedkirchen des Lutherischen Weltbundes1977 auf ihrer 6. Vollversammlung in Daressalam erstmals einen ethischen Bekentnisfall erklärt, nämlich die Ablehnung der Apartheid in Südafrika.

[34] Gerta Scharffenorth, Den Glauben in das Leben ziehen ... Studien zu Luthers Theologie, München 1982, S. 324.

[35] Unklar ist, ob Luther unter »feyl« (Fehler) Rücklagen oder Verzinsung versteht. Er meint damit nicht durch Mutwillen oder avaritia verursachte wirtschaftliche Sünden – vgl. zum Ganzen H.-J. Prien, Luthers Wirtschaftsethik, Göttingen 1992, S. 110ff.

[36] Eyn Sermon vom Wucher – 1519, WA 6, 36-60.
[37] Sermon vom Wucher 1520, WA 6, 202-276.
[38] D. h. die Ethik kann nicht abgestuft werden für Laien, d. h. Weltmenschen, und Ordensleute oder für die verschiedenen Stände differenziert werden, sondern gilt in gleicher Form für alle Christen.
[39] Vgl. WA 31/1, 436, 7-11.
[40] Strohm, a.a.O., S. 209 mit Verweis auf WA 31 I,437,7. Vgl. auch Karl-Heinz zur Mühlen, Arbeit VI: TRE III (1978), S. 636.
[41] Zur Diskussion des Begriffes »Kapitalismus« vgl. H.-J. Prien, Luthers Wirtschaftsetik, Göttingen 1992, S. 40ff.
[42] Vgl. WA.B 3, 484-486.
[43] Der ehemalige Dominikaner Dr. Jakob Strauß vertrat als evangelischer Prediger in Eisenach 1523 in seinem »Hauptstuck vnd Articlel christlicher leer wider den vnchreistlichen wucher, darumb etlich pfaffen zu Eysenach so gar vnruewig vnd bemuehet seind« die These, jeder aus Kapitalgeschäften erzielte Gewinn laufe der Nächstenliebe und dem Gebot Gottes zuwider und sei deshalb Todsünde.
[44] Vgl. WA.B 3,484-486.
[45] Vgl. WA 51, 383, 1ff.
[46] Martin Honecker, Einführung in die Theologische Ethik, Berlin/New York 1990, S. 285.
[47] WA 29, 551.
[48] Werner Conze, Art. »Arbeit«: Geschichtliche Grundbegriffe. Historisches Lexikon zur politisch-sozialen Sprache in Deutschland, Bd. I, Stuttgart (1972)² 1979, 154-215, S. 166.
[49] Helmut Hesse, Wirtschaft und Moral. Bursfelder Universitätsreden 6, hg. v. L. Perlitt, Göttingen 1987, S. 14f.
[50] Vgl. Frank Gratz, Luthers Stellung zum Frühkapitalismus: WZ(J)GS 32 (1983), 85-99, S. 92.
[51] E. Heimann, Art. »Kapitalismus«: RGG³ III, 1959, 1136-1141, Sp. 1138. Der Vf. war Prof. für Sozialwissenschaften in Hamburg und Honorarprof. für Sozialethik an der Ev.-theol. Fakultät Bonn.
[52] Vgl. a.a.O., S. 16.
[53] Hesse, a.a.O., S. 12f.
[54] Der in der Ära Carter geprägte Begriff Trilateralismus bezeichnet die wirtschaftliche Aktionseinheit von Nordamerika, Europa und Japan.
[55] Zum Begriff »Staatsklasse« vgl. Peter Hünermann, Lateinamerikas Staatsklasse und die Armen: HerKorr 38 (1984), S. 475-480.
[56] Ellacuría, Utopie und Prophetie aus Lateinamerika: Hans-Joachim Lope (Hg.), Utopie und Wirklichkeit. Lateinamerikanische Wege ins 21. Jh., CEILA Marburg Bd. 2, Münster/Hamburg 1991, S. 11-25.
[57] Hesse, a.a.O., S. 21.
[58] Ebd., S. 22.

„Dem Teufel zum Trotz"

Gewißheit und Zuversicht – nicht nur bei Luthers Hochzeit

Oswald Bayer

Die gegenwärtige pluralistische Situation ist unübersichtlich. Viele Orientierungen werden angeboten. Welche davon ist wirklich verheißungsvoll? Welche vermag uns wirklich Zuversicht zu geben und uns des Sinnes und Zieles unseres Lebens gewiß zu machen?
Die bedrängende Unruhe verdichtet sich für viele in der Frage nach der Zeit und ihrer Wahrnehmung. „Die Zeitmauer, vor der die Gegenwart steht, wird nicht als Abschluss eines finalen Prozesses, sondern als Ende jeder Finalität wahrgenommen. Utopische Erwartungen und kulturpessimistische Enttäuschungen prallen wirkungslos an ihr ab. Die Zeit ist in eine grenzenlose Offenheit entlassen, die kein Vorwärts und Rückwärts mehr kennt. Alles geschieht, aber nichts passiert. Die Überbietungsdynamik der Moderne hat ihren Höhepunkt überschritten und tritt gewissermaßen auf der Stelle. In Kafkas Metapher vom ‚stehenden Sturm' kommt dies zum Ausdruck: der Fortschritt als Fahrt im Karussell."[1]

1. Schöpfungsglaube inmitten apokalyptischen Wetterleuchtens

Keine, keiner von uns lebt ohne vorbildliche Situationen und Szenen, die mehr oder weniger Orientierungskraft haben. Wenn wir die Lebensgeschichten anderer hören, Bücher lesen, Filme sehen, finden wir immer mehr oder weniger starke Identifikationsmöglichkeiten, sehen wir uns und unsere Möglichkeiten wie in einem Spiegel. Wir wissen nicht immer schon, wer wir sind. Wir lernen es. Und: Wir ändern uns, indem wir lernen.
Eine solch vorbildliche Szene – mag sie uns zunächst auch recht fremd erscheinen – sehe ich in der Situation Martin Luthers im Frühjahr 1525. Im Bauernkrieg brach für ihn der Weltuntergang an. Doch nahm er an solchem Ende der Tage dem Teufel „zum Trotz"[2] Gottes Schöpferwillen wahr, indem er heiratete und eine Familie gründete: Zeichen des Glaubens an Gott den Schöpfer inmitten apokalyptischen Wetterleuchtens.
„Und kann ich's schicken, ihm [dem Teufel] zum Trotz, will ich meine Käte noch zur Ehe nehmen, ehe denn ich sterbe [...]. Ich hoffe, sie [die Bauern] sollen mir doch nicht meinen Mut und [meine] Freude nehmen [...]." „Es ist eine kurze Zeit, so kömmet der rechte Richter"[3], der letzte, der mit seinem Gericht die Welt vollendet.[4]
Im Unterschied zu heutigem Verständnis von Apokalyptik ist für Luther der Untergang der Welt deren Vollendung. In ihr kommt die Welt zu ihrer Bestimmung, weil alles Schöpfungswidrige vernichtet ist und die Gemeinschaft der Geschöpfe unter-

109

einander und mit Gott ohne Anfechtung und Versuchung in voller Klarheit blüht. Das ist die „liebe Sommerzeit", die Ewigkeit, wie sie von Johann Walter besungen wird.[5] Deshalb kann Luther auch das Kommen des Jüngsten Tages ersehnen. Nicht weil dieser Tag ein schrecklicher Tag ist, sondern weil er – als „erfreulicher Tag"[6] – die Schöpfung vollendet, weil mit ihm Gottes Gnade und Liebe endgültig siegt und alles Dunkle vom ewigen Licht bezwungen und verschlungen ist.

Luthers eigentümlicher Lebensmut – jenseits von Optimismus und Pessimismus – bekundet sich in dem zwar nicht von ihm selbst stammenden, aber sein Verständnis durchaus treffenden Spruch: „Wenn morgen die Welt unterginge, pflanzte ich heute noch ein Apfelbäumchen!"[7]

Diese Haltung entspricht der Noahs, der angesichts des Weltuntergangs – so legt Luther Gen 6,9-11 aus – zuerst daran denkt, sich in den Ehestand zu begeben.[8] Wie reimt sich das zusammen, daß die Welt in kurzer Zeit untergehen soll und Noah dennoch Kinder zeugt?[9] Das reimt sich nur im Vertrauen auf Gottes Zusage der Bewahrung (= Auferweckung) durch Gericht und Tod hindurch.

Die Eigenart und Bedeutung von Luthers Schöpfungs-, Zeit- und Geschichtsverständnis, das sich paradigmatisch in der bezeichneten Situation der Hochzeit inmitten des Bauernkriegs bekundet, wird deutlicher, wenn wir es kritisch mit der Orientierung vergleichen, die in der Neuzeit bis vor kurzem leitend war.

II. Luther und die Neuzeit

Schöpfung hat Luther als Geschichte und Geschichte als Schöpfung verstanden. In diesem Verständnis von Schöpfung liegt unauflöslich ineinander, was dem allgemeinen Bewußtsein seit hundertfünfzig Jahren auseinanderfällt: Natur und Geschichte, Geschichte und Natur.

Nicht nur dadurch trennt uns von Luther und seinem Schöpfungsverständnis eine Kluft, die wir uns nicht groß genug vorstellen können. Was uns von ihm vor allem trennt, sind zwei Revolutionen. Die eine liegt in der Umwandlung des Geschichtsverständnisses, besonders in dem in bestimmter Form erst in der Neuzeit aufgekommenen und sie bildenden Fortschrittsglauben. Im Zusammenhang damit steht als zweite Revolution die Umwandlung der Anthropologie, des Verständnisses des Menschen; er sei, wie vor allem Rousseau und Marx gelehrt haben, im Grunde gut – ist er böse, dann haben ihn die gesellschaftlichen Verhältnisse dazu gemacht und seien deshalb zu verändern.

Die damit angezeigte radikale Umwandlung des Denkens der Geschichte sowie ihrer Erfahrung und im engen Zusammenhang damit die Umwandlung des Verständnisses des Menschen seit 250 Jahren sind in ihrer Bedeutung kaum zu überschätzen. Zwar haben die Erfahrungen des vergangenen Jahrhunderts, besonders die Kriege, Zweifel an der Güte des menschlichen Herzens gebracht; den Fortschrittsglauben hat in den letzten Jahrzehnten die ökologische Krise nachhaltig in Frage gestellt. Doch ist damit ein Verständnis Luthers, der mit der Bibel von der Bosheit des

Biblia (Schöpfung). Wittenberg 1534

menschlichen Herzens (dessen Dichten und Trachten böse ist von Jugend auf: Gen 6,5; 8,21) weiß und dem „die Historien nichts anderes als Gottes Werke, das heißt Gnade und Zorn" erzählen[10], keineswegs schon gegeben. Vielmehr scheinen sich uns heute abgesehen von der spätmodernen Desorientierung im wesentlichen nur zwei Möglichkeiten zu zeigen: entweder in Skepsis und Resignation zu versinken – geräuschlos oder mit großem philosophischem und literarischem Aufwand – oder aber sich mit der Fiktion einer besseren Menschheit aufrecht zu halten, mit der Fiktion einer gegen alle Wahrscheinlichkeit erhofften und ertrotzten besseren Welt oder mit der technokratischen Fiktion der Wahrscheinlichkeit einer solchen.

Immerhin ist eine neue Situation insofern gegeben, als beides – die optimistische Anthropologie wie der Fortschrittsglaube – von kaum jemandem mehr ungebrochen vertreten wird. Weithin ist eingesehen, daß die Natur, die uns trägt, nicht unerschöpflich ist und wir nicht grenzenlos und beliebig über sie verfügen können und dürfen. Es ist eingesehen, daß wir uns über bestimmte Grundlagen nicht erheben können. Diese Einsicht sprach sich eindrucksvoll schon in einer Selbstkritik von Marxisten im Blick auf den Fortschrittsgedanken und die Doktrin einer „Humanisierung der Natur" aus – in einer Kritik, die ja dem „Kommunistischen Manifest" (1848) kraß entgegensteht, das die Revolution der Natur, ihre Umwandlung durch den Menschen, die Veränderung des Antlitzes der ganzen Erde durch Wissenschaft und Technik begeistert gefeiert hat. Heute wird diese den Kapitalismus von Grund auf bestimmende Haltung als Frevel an den ökologischen Grundlagen, an den Bedingungen des Lebens, erkannt.

Vom erheblich negativen, jedenfalls unbestreitbar ambivalenten Befund her weiß man wieder etwas davon, daß die Natur nicht nur Material der Pflicht zur Welteroberung und Weltveränderung ist, die Welt nicht nur in der „Selbsterzeugung" durch menschliche „Arbeit" existiert[11], sondern auch im Sabbat und in der Brache.[12] Mehr als zwei Jahrhunderte lang war dies im öffentlich herrschenden Bewußtsein vergessen und allenfalls noch Dichtern zu feiern erlaubt. Nun aber beginnt man wieder die Verschränkung von Natur und Geschichte zu erkennen und bemerkt den ambivalenten Charakter des keineswegs die Natur zu sich selbst als zu ihrer Erfüllung und Vollendung bringenden Werkes des Menschen in seinem Eingriff in die Natur und deren Umwandlung durch seine Arbeit, die Marx – vor allem, aber nicht nur der junge Marx – als „Humanisierung der Natur" zusammen mit der „Naturalisierung des Menschen"[13] voll Inbrunst erhofft hat; darin werde sich dann auch die „Religion" als „Seufzer der bedrängten Kreatur"[14] erledigen.

Der Seufzer hat sich noch nicht erledigt. Im Gegenteil. Einleuchtender als die These von Karl Marx von der Humanisierung der Natur ist die paulinische von der Verknechtung der Natur geworden, die Einsicht in des Menschen „usurpirende Gewaltthätigkeit über die seiner Eitelkeit [seinem Wortbruch] unterworfene Creatur wider ihren Willen". So hat in der Nachfolge Luthers Johann Georg Hamann im 18. Jahrhundert die erregenden Sätze aus dem achten Kapitel des Römerbriefes aufgenommen.[15]

Ob sich unseren Negativerfahrungen, die sich mit diesen paulinischen Sätzen artikulieren lassen, zugleich auch schon der Grund erschlossen hat, aus dem heraus Paulus so spricht, wie er spricht, ist zu bezweifeln. Röm 8 kann nur in bestimmter, nicht aber in jeder Hinsicht allgemeine Plausibilität beanspruchen. Für den christlichen Glauben und die christliche Theologie jedoch führt kein anderer Weg zur Wahrnehmung der Welt als Schöpfung als eben der in Röm 8,19-23 beschrittene: „Denn das ängstliche Harren der Kreatur wartet, daß Gottes Kinder offenbar werden. Es ist ja die Kreatur unterworfen der Vergänglichkeit: ohne ihren Willen, sondern um des willen, der sie unterworfen hat – auf Hoffnung: denn auch die Kreatur wird frei werden von der Knechtschaft des vergänglichen Wesens zu der herrlichen Freiheit der Kinder Gottes. Denn wir wissen, daß alle Kreatur sehnt sich mit uns und ängstet sich noch immerdar. Nicht allein aber sie, sondern auch wir selbst, die wir haben des Geistes Erstlingsgabe, sehnen uns auch bei uns selbst nach der Kindschaft und warten auf unseres Leibes Erlösung."

Dieser unerhört dichte und tiefe Text kann für die Theologie und Kirche nicht nur in jener heute so einleuchtenden Hinsicht – in der Einsicht in die Gefährdung der Erde als Lebensraum und in die Schuld des Menschen an dieser Gefährdung – be-

Die Wittenbergisch Nachtigall (Martin Luther);
Titelschnitt zu dem gleichnamigen Gedicht
des Hans Sachs, 1523

ansprucht werden; er muß in allen seinen Aspekten und Dimensionen zur Geltung kommen – das heißt vornehmlich: in seiner eigentümlichen Verschränkung der Zeiten.
Der wichtigste Modus der Zeit ist auch hier, wie überall in der Bibel, die Gegenwart, die Gegenwart Gottes. Die Zukunft der Welt kommt aus Gottes Gegenwart. Seine Neuschöpfung macht die alte Welt zur alten und stellt die ursprüngliche wieder her. Das gegenwärtig sich mitteilende Heil verbürgt die kommende Vollendung der Welt und läßt den Widerspruch der leidenden und seufzenden Kreatur der alten Welt zur zugesagten Schöpfung, der ursprünglichen Welt, mit Schmerzen erfahren.

III. Hermeneutischer Schlüssel zur Schöpfungslehre

Diese eigentümliche Verschränkung der Zeiten bestimmt Martin Luthers Verständnis der Schöpfung und damit der Zeit. In seiner Auslegung der biblischen Schöpfungsgeschichte gibt er folgenden hermeneutischen Schlüssel zur Schöpfungslehre: „Wir reden von diesen Gütern als von einem Schatz, den wir verloren haben, und hoffen seufzend zu recht auf jenen Tag, an dem alles wiederhergestellt sein wird. Es ist nämlich nützlich, sowohl der Güter sich zu erinnern, die wir verloren haben, wie der Übel, die wir erdulden und in denen wir ganz elend leben, um angestachelt zu werden zu jener Hoffnung auf die Erlösung unserer Leiber, von welcher der Apostel im achten Kapitel des Römerbriefes redet. Denn was die Seele betrifft, so sind wir durch Christus befreit, und diese Befreiung halten wir fest im Glauben, bis sie offenbar wird."[16]

Luther befürwortet weder eine reine Erinnerung noch eine reine Hoffnung, weder reine Anamnesis noch reine Konstruktion. Was er in dieser Lesehilfe zum Lernen der Schöpfungsgeschichte sagt, ist vielmehr in gegenwärtiger Erfahrung gegründet, wie sie Luther mit der reformatorischen Wende seiner selbst und seiner Theologie zuteil wurde. Die Hoffnung auf die Schöpfung in der Erinnerung des Verlustes ihrer Herrlichkeit gründet im gewissen und zuversichtlichen Glauben an die Zusage der Sündenvergebung, wie sie im Absolutionswort, in der Taufe und im Gabewort des Herrenmahls zu hören ist – sowie in jeder Predigt; denn Predigt ist nichts anderes als Gedächtnis der Taufe und darin zugleich die Entfaltung jener Zusage, die sich in das Gabewort des Herrenmahls konzentriert.[17] Dieses Wort lautet: Ich bin für dich, ich spreche für dich – gegen alles, was gegen dich spricht. Das ist die allen geltende Zusage und zugleich das Gabewort, in dem sich Gott selber – der Vater durch den Sohn im Heiligen Geist – uns gibt und damit in seine Gemeinschaft hineinnimmt.

Mit dieser mündlichen, leiblichen, kreatürlichen Zusage und mit dem von ihr geschaffenen gewissen Glauben regiert Gott. In Wort und Glaube ist Gottes Reich, sein Regiment wirksam gegenwärtig, sein Regiment durch Wort und Geist, sein „geistliches" – aber eben leiblich vermitteltes und in dieser Hinsicht durchaus weltliches – Regiment. Was „die Seele betrifft, so sind wir durch Christus befreit, und diese Befreiung halten wir fest im Glauben, bis sie offenbar wird".

In dieser Befreiung gründet „jene Hoffnung auf die Erlösung unserer Leiber, von welcher der Apostel im achten Kapitel des Römerbriefes redet"[18]. Solche Hoffnung läßt in den Verhältnissen leben, die Luther begrifflich als vom „weltlichen" Regiment Gottes bestimmt anspricht und vom besagten Zusammenhang von Wort und Glaube als dem „geistlichen" Regiment Gottes unterscheidet.[19]

Auf das Wort und den Glauben kommt es allerdings auch im weltlichen Regiment an. Und wie das Wort der Heilszusage auch dann wirkt, wenn es nicht geglaubt wird, nämlich im Unglauben als Gericht, so wirkt das Wort der Weltzusage ebenfalls auch ohne den Glauben des Menschen – selbst gegen seinen Unglauben und gegen seine Sünde, ja sogar durch sie, indem Gott, wie es im Großen Katechismus heißt, „ein[en] buben mit dem andern" „straffet"[20], einen Verbrecher durch den anderen erledigt. Gott regiert also nicht nur trotz der Sünde und gegen die Sünde, sondern selbst durch die Sünde, mit Hilfe der Sünde.

Gottes zugesagte Welt bleibt kraft seiner Treue bestehen. In seiner Langmut und Geduld bewahrt Gott die Welt vor dem von uns Menschen selbstverschuldeten Chaos und erhält sie auf seine Zukunft hin.

»Ich sah einen neuen Himmel und eine neue Erde..."
(Offenbarung Johannes 21);
September-Testament, Wittenberg 1522

IV. Verschränkung der Zeiten

Nach einem hartnäckigen – in unseren neuzeitlichen Vorurteilen gründenden – Mißverständnis scheint sich die Rede von Gottes erhaltendem Schöpferhandeln mit der Rede von Gottes zu erwartender Zukunft nicht nur schwer zu vertragen; sie scheint ihr zu widerstreiten.
Dieses Mißverständnis läßt sich auflösen. Es rührt daher, daß zu dem Wort „Schöpfung" der Blick zurück zu einem absoluten Anfang zu gehören scheint, während es doch darauf ankomme, den Blick nach vorne auf ein absolutes Ziel reiner Zukunft zu richten und progressive Tendenzen zu befördern, die restaurativen entgegengesetzt sind.
Dieser seit der französischen Revolution maßgebenden Orientierung stellt sich Luthers aus der Bibel gelerntes Schöpfungsverständnis quer; es ist nach meinem Urteil auch unsere Aufgabe heute, die unglückliche Alternative von Progression und Restauration gründlich zu überwinden, sich ihr jedenfalls nicht zu fügen.

Luthers Schöpfungsverständnis fügt sich weder dem Konstruktivismus der Aufklärung noch der Anamnesis der Humanisten, zu der dieser Konstruktivismus im Gegensatz steht.[21] Galt den Humanisten des 15. und 16. Jahrhunderts als Wahrheitskriterium das „Alte", zu dessen reiner Quelle zurückzukehren ist, so wird diesem Alten spätestens seit dem 18. Jahrhundert als Wahrheits- und Verifikationskriterium das „Neue" entgegengesetzt, das herzustellen ist.[22] „Unser Glaube an eine Zukunft", schreibt der Fichte-Schüler August Ludwig Hülsen 1799 im „Athenaeum", „soll also Wahrheit und Gewißheit haben durch unsre wirkliche That."[23] Wir sind das, was wir aus uns machen.

Schon mit ihrem Namen, in dem sich ihr Selbstverständnis verdichtet, zeichnet sich die „Neuzeit" durch einen Heilsanspruch aus – den Anspruch, das vollendet Neue, das unüberbietbar Neue als das Gute zu bringen. Sie hat aber auch den Schrecken gebracht. Er ergibt sich nicht zuletzt aus dem Willen, das jeweils Neue zu überholen, um in permanenter Revolution das Heil zu befördern.[24] Durch den Zusammenbruch des real existierenden Sozialismus ist dieser Wille keineswegs gebrochen; er verwirklicht sich nur in anderen Gestalten, vor allem der Ökonomie.

Was die Neuzeit als unüberbietbar Neues ins Werk zu setzen sucht, sieht eine unkritische Theologie in der Nachbarschaft zum Neuen der Neuschöpfung Gottes; sie gerät dabei in die Gefahr, beides zu identifizieren.

Solches Zeitbewußtsein der Neuzeit und einer ihm zuneigenden Theologie verkennt die eigentümliche Verschränkung der Zeiten, die für die paulinische Theologie und die Theologie Luthers kennzeichnend ist: Aus dem gegenwärtig Neuen der Gegenwart Gottes kommt die Zukunft der Welt; die gegenwärtig in der Taufe und im Herrenmahl sich eröffnende Neuschöpfung (2 Kor 5,17) macht die alte, pervertierte Welt zur alten vergangenen Welt und stellt die ursprüngliche Welt als Schöpfung wieder her.

Dieses Ineinander der Zeiten in deren Ungleichzeitigkeit und eigentümlicher Verschränkung ist nicht etwa nur schwer zu denken, sondern vor allem schwer zu leben. Es ist nur zu begreiflich, daß man lieber in eine Universalchronologie und Geschichtskonstruktion flieht, wie dies Johann Albrecht Bengel getan hat[25], oder aber, im Gegensatz dazu, mit Bultmann und Kierkegaard in eine Isolierung des „Jetzt" im „Augenblick" und im Sprung der „Entscheidung".

Luther setzt weder auf einen solchen ausdehnungslosen Augenblick noch macht ihm eine chronologische Ordnung der Zeit, die er durchaus sucht, die Geschichte durchsichtig[26]. Schlüssel zur Welt ist ihm nicht die Zahl, sondern Gottes Zusage. Seine Theologie ist deshalb jeder geschichtsphilosophischen Einheitsspekulation gegenüber spröde. Den Graben zwischen Luther und Hegel samt dessen theologischen Nachfolgern kann keine „Aufhebung" zuschütten.[27]

In dem Maße, in dem Luthers Theologie samt seinem Schöpfungs- und Zeitverständnis solchen Spekulationen – etwa der Illusion beständigen weltgeschichtlichen Fortschritts – widerspricht, ist sie nüchtern, realistisch und voll konkreter Welterfahrung.

Weltformeln und Einheitsspekulationen im Bereich der Geschichtswissenschaft und

Theologie verhindern gerade, die Welt konkret wahrzunehmen und dem Einzelnen und Besonderen sein Recht zu lassen, es nicht unter den Zwang zu bringen, sich durch ein vorweg zu sicherndes Allgemeines rechtfertigen zu müssen. Von solchem metaphysischen Zwang befreit das Evangelium; es befreit zur Wahrnehmung des Konkreten.

V. Die Bitte um den lieben Jüngsten Tag

Diese Wahrnehmung ist jedoch nicht beliebig. Sie läßt sich nicht für die gegenwärtig in unserer spätmodernen Erlebnisgesellschaft immer beliebter und verbreiteter werdende theologische Rechtfertigung eines Pluralismus in Anspruch nehmen.[28] Denn so sehr im Bereich des Ethos eine Pluralität theologisch zu anerkennen ist, so wenig läßt sie sich im Bereich des Religiösen vertreten – es sei denn, das Erste Gebot habe sich erledigt.
Doch kann im Ernst davon nicht die Rede sein. Denn die konkurrierenden Götter mit ihren Versprechungen und Drohungen sind ja nicht verschwunden; der Kampf gegen sie – Luther nennt in seiner berühmten Auslegung des Ersten Gebots im Großen Katechismus an erster Stelle den Mammon – ist nicht zu Ende. Ihnen zum Trotz und damit dem Teufel zum Trotz ist zuversichtlich auf die eine Stimme zu hören, die sagt: „Ich bin der Herr, Dein Gott!" Die ganze Theologie Luthers ist nichts anderes als ein Ernstnehmen dieser Evangeliumspräambel des Dekalogs, die er in Kürze so auslegt: „Ich, ich will Dir gnug geben und aus aller Not helfen!"[29]
In seinem Kampf gegen die falschen Götter und Götzen, in seinem Kampf gegen den Teufel hat sich Luther nicht gescheut zu identifizieren. Er sah im Papsttum, in den aufständischen Bauern, in den Türken und – für uns besonders befremdlich und schmerzlich anstößig – in den Juden den Teufel am Werk, im Papsttum in der Gestalt des Antichrists. (Luthers Urteil über das Papsttum als Antichrist trifft auf das heutige Papsttum nicht zu. Damals aber war es insofern wirklich zutreffend, als das Papsttum durch ein falsches Verständnis der Kirche, der Ehe, Familie und Wirtschaft sowie des Politischen Gottes Weltordnung zu zerstören im Begriff war – Gottes Weltordnung, wie Luther sie mit seiner Dreiständelehre begriff.[30])
Haben wir heute die Urteilsfähigkeit und den Mut zu entsprechenden Identifizierungen – die Urteilsfähigkeit und den Mut, die falschen Götter und Götzen zu benennen und, was den Teufel als Versucher betrifft, zu sagen, wo der schöpfungsgemäße Versuch, der zu unserem Menschsein gehört, aufhört und wo die Versuchung beginnt, der wir widerstehen müssen?
Luther hat seine Identifizierungen, mit denen wir, wie im Blick auf die Juden angedeutet, unsere Schwierigkeiten haben, in einem eigentümlichen Lebensmut gewagt – in jenem Lebensmut jenseits von Optimismus und Pessimismus, von dem eingangs schon die Rede war: „Wenn morgen die Welt unterginge, pflanzte ich heute noch ein Apfelbäumchen".
In diesem Spruch ist der Glaube an Gott den Schöpfer und die Hoffnung auf den

Untergang der verkehrten Welt als auf den endgültigen Sieg der Gnade[31] ineinander verschränkt – so, daß Fragmente nicht gerundet und Brüche nicht als notwendig begriffen werden, Widriges und Lebensfeindliches nicht als letztlich sinnvoll erscheint. Schuld und Vergebung sind nicht weltimmanent verknüpft, Kontinuität wird allein von der Treue dessen erwartet, der das Werk seiner Hände nicht fahren läßt. Ich bin dann dem Zwang entnommen, über mich und andere letzte Urteile zu sprechen oder die Weltgeschichte als Weltgericht zu denken. Ich bin dann dem Zwang entnommen, über mich und andere eine letzte Bilanz zu ziehen oder gar auf Endlösungen für mich und andere zu sinnen.

In der Gewißheit dieser Freiheit prallen wir nicht von der Zeitmauer ab, drehen wir uns auch nicht im Kreise. Im Karussell, im stehenden Sturm gibt es keine Gewißheit und Zuversicht, sondern nur eben den ‚Drehwurm', den Schwindel.

Für Luther ist die Gewißheit und zielgerichtete Zuversicht beschlossen in dem letzten Wort der Bibel, in der Bitte, die ihm so viel bedeutete: „Ja, komm Herr Jesu!" (Apk 22,20). Das ist die Bitte um den lieben Jüngsten Tag.[32]

Anmerkungen:

[1] L. Heidbrink, An der Zeitmauer. Wie können wir uns die verlorene Zeit wieder aneignen?; in: DIE ZEIT Nr. 42, 14.10.1999, S. 49.

[2] WA 18, 277, 35 (Christliche Schrift an Wolfgang Reißenbusch, sich in den ehelichen Stand zu begeben, 1525). Vgl. WA BR 4, 11, 41-47; an Marquard Schuldorp in Magdeburg am 5.1.1526 (ins Neuhochdeutsche übertragen; Hervorhebung von mir): „Ich habe eine *Nonne zur Ehe genommen*, wiewohl ich dessen hätte entraten können und keinen besonderen Grund gehabt habe außer dem, dass ich es *dem Teufel* mit seinen Schuppen, den großen Hansen, Fürsten und Bischöfen, *zum Trotz* getan habe, welche schlicht den Verstand verlieren wollen, dass geistliche Personen sollen frei sein. Und wollte gerne noch mehr Ärgernisse anrichten, wenn ich nur noch mehr wüsste, was Gott gefiele und sie verdrösse."

[3] WA BR 3, 482, 81-83. 93f; an Rühel am 4. (5.?) 5. 1525. Ein etwas anderer Begründungs- und Orientierungszusammenhang, der sich daraus ergibt, daß Luther unter Bann und Acht steht, findet sich WA Br 3, 394, 17-27; an Spalatin am 30.11.1524: „Quod Argula de uxore ducenda mihi scribit, gratias ago, nec miror, talia de me garriri, cum garriantur et multa alia; verum tu ei gratias age meo nomine et dicito, me esse quidem in manu Dei sicut creaturam, cuius cor mutare ac remutare, occidere et vivificare potest, singulis horis et momentis; hoc tamen corde, quo hactenus fui et modo sum, non fiet, uxorem ut ducam, non quod carnem meam aut sexum meum non sentiam, cum neque lignum neque lapis sim; sed animus alienus est a coniugio, cum expectem quotidie mortem et meritum haeretici supplicium. Itaque nec Deo figam terminum operis in me, nec in corde meo nitar. Spero autem, quod non sinet me diu vivere. Vale et ora pro me! Vittembergae, die Andreae 1524." Luther will, „ehe ich aus diesem Leben scheide, mich in dem Ehestande finden [...] lassen, welchen ich von Gott gefo[r]dert achte" (WA BR 3, 522, 16f; an Rühel am 3.6.1525), so „dass ich fur[=vor] meinem Ende im Stande von Gott erschaffen gefunden und nichts meines vorigen papistischen Lebens an mir behalten werde [...] und das alles zur Letze und Ade" (WA BR 3, 531, 9-12; an Rühel am 15.6.1525).

[4] WA BR 3, 541, 1-11; an Nikolaus von Amsdorf am 21.6.1525: „Gratia et pax in Domino! Iam nuntius mihi quaerebatur, qui has ad te ferret, mi Amsdorfi, et ecce tuae mihi redduntur. Vera est itaque fama, me esse cum Catharina subito copulatum, antequam ora

cogerer audire tumultuosa in me, sicut solet fieri. Spero enim me breve tempus adhuc victurum, et hoc novissimum obsequium parenti meo postulanti nolui denegare spe prolis, simul ut confirmem facto quae docui, tam multos invenio pusillanimes in tanta luce euangelii. Sic Deus voluit et fecit. Ego enim nec amo nec aestuo, sed diligo uxorem. Dabo itaque proxima feria tertia epulum in testimonium coniugii mei, ubi aderunt parentes. Te itaque adesse omnibus modis volui, quare, ut vocare constitui, ita nunc voco et rogo, ne desis, si ullo modo potes." Auch hier bekundet sich die Erwartung, nur noch kurze Zeit zu leben, zusammen mit dem Gehorsam dem vierten Gebot gegenüber (status oeconomicus!); weiter will Luther durch die Tat bestätigen, was er gelehrt hatte: die Freiheit eines Christenmenschen.

[5] „Herzlich tut mich erfreuen..." (EG 148,1).

[6] In Luthers Predigt über 1 Kor 15,51-53 vom 10.5.1545 (WA 49, 727, 13-746, 16) heißt es (731, 5f): „Sic veniet extremus dies laeta nobis credentibus, terribilis avaris etc." Zu vergleichen ist: „.... et letz expectabo ultimam horam. Kom her, lieber HERr, Ich hab gnug geessen etc." (so Rörer: 743,1f). Vgl. Stoltz, 742,11-743,7: „.... warten der Zuckunfft des herrn und sagen: kom, lieber herr Christe, und mach des lebens ein ende." An dieser Stelle zeigt sich, dass der erwartete Jüngste Tag nicht neutrisch, sondern personal zu verstehen ist: Es ist der Herr, der erwartet wird. Die Erwartung des 'lieben Jüngsten Tages' ist identisch mit der Erwartung des „lieben Herrn", mit der Marantha-Bitte (1 Kor 16,22; Apk 22,20; Did 20,6): „Ach lieber Herr, eil zum Gericht ..." (Erasmus Alber, EG 6,5). Vgl. EG 149,7.

[7] Vgl. M. Schloemann, Luthers Apfelbäumchen? Ein Kapitel deutscher Mentalitätsgeschichte seit dem zweiten Weltkrieg, 1994.

[8] WA 42, 302, 19f (zu Gen 6,9f).

[9] AaO 29f.

[10] WA 50, 385, 15f (Vorrede zu Historia Galeatii Capellae, 1538).

[11] K. Marx, Ökonomisch-philosophische Manuskripte (in: Marx/ Engels Gesamtausgabe [= MEGA], 1. Abt. Bd. I/2 Text [Werke Artikel Entwürfe März 1843 bis August 1844], Berlin 1982), 292 (= K. Marx, Nationalökonomie und Philosophie [in: K. Marx, Die Frühschriften, hg. v. S. Landshut, 1968, 269]). Vgl. 301, 37 (= Landshut 281: „Selbsterzeugungsakt des Menschen"); 273, 29 (= Landshut 246: „Selbsterzeugung" im Blick auf die Erde) und 274, 22-26 (= Landshut 247 f): „Indem aber für den sozialistischen Menschen die ganze sogenannte Weltgeschichte nichts anderes ist als die Erzeugung des Menschen durch die menschliche Arbeit, als das Werden der Natur für den Menschen, so hat er also den anschaulichen unwiderstehlichen Beweis von seiner Geburt durch sich selbst ..."

[12] Vgl. H. Gese, Das Gesetz (in: Ders., Zur biblischen Theologie. Alttestamentliche Vorträge [BEvTh 78], 1977, 55-84), 79: „Denn man muß wissen, daß es beim Sabbat überhaupt nicht primär um die Arbeitsruhe des Menschen geht, sondern um das Nicht-Eingreifen des Menschen in die Umwelt, ... prinzipiell geht es um die Unverletzlichkeit der Schöpfung, die wenigstens an jedem siebenten Tag zeichenhaft vom Menschen bewahrt werden soll." Gegen die ungehemmte Aneignung der Natur durch den arbeitenden Menschen läßt der Sabbat „die Fremdheit des Menschen gegenüber der Natur" (ebd. 80) erfahren.

[13] K. Marx, Ökonomisch-politische Manuskripte, aaO (s. Anm. 11) 264, 40-267, 2 (= Landshut 237): „Also die Gesellschaft ist die vollendete Wesenseinheit des Menschen mit der Natur, die wahre Resurrektion der Natur, der durchgeführte Naturalismus des Menschen und der durchgeführte Humanismus der Natur." Vgl. ebd. 263, 19-25 (= Landshut 235): „Dieser Communismus ist als vollendeter Naturalismus = Humanismus[,] als vollendeter Humanismus = Naturalismus, er ist die wahrhafte Auflösung des Widerstreits des Menschen mit der Natur und mit den Menschen, ... Er ist das aufgelöste Räthsel der Geschichte und weiß sich als diese Lösung."

[14] K. Marx, Zur Kritik der Hegelschen Rechtsphilosophie. Einleitung, aaO (s. Anm. 11) 171, 1-4 (= Landshut 208). Marx formuliert in unüberhörbarem Anklang an Röm 8,22f.
[15] J. G. Hamann, Golgatha und Scheblimini (1784) (Ders., SW, hg. v. J. Nadler [6 Bde, 1949-57], III, 1951, 291-318), 299, 19f. Zur weiteren zeitkritischen Inanspruchnahme von Röm 8,19-23 durch Hamann: O. Bayer und Chr. Knudsen, Kreuz und Kritik. Johann Georg Hamanns Letztes Blatt. Text und Interpretation (BhTh 66), 1983, 96.
[16] WA 42, 80, 35-40 (zu Gen 2,16f), 1535; Übersetzung vom Autor.
[17] Vgl. O. Bayer, Promissio. Geschichte der reformatorischen Wende in Luthers Theologie (11971) 21989, passim, zusammenfassend: 273 und 348f.
[18] Die Unterscheidung und Zuordnung von „Seele" und „Leib" ist hier (s. Anm. 16) in derselben spezifischen Weise gebraucht wie im Traktat Von der Freiheit eines Christenmenschen (1520), WA 7. Er belegt, daß Luther mit dieser Unterscheidung – wie auch mit der des „inneren" und „äußeren" Menschen – vor allem die oben dargestellte eigentümliche Verschränkung der Zeiten meint. Vom Zeitbegriff des „neuen" und „alten" Menschen her erschließt sich das Verständnis für Luthers Gebrauch der Unterscheidung von „Seele" und „Leib" und von „innerem" und „äußerem" Menschen. Vgl. bes. WA 7, 21, 11-17; 50, 5-12 und 29, 31-30, 10; 59, 24-36.
[19] Vgl. G. Törnvall, Geistliches und weltliches Regiment bei Luther. Studien zu Luthers Weltbild und Gesellschaftsverständnis, 1947.
[20] WA 30 I, 154, 21 (= BSLK 600,16); Großer Katechismus, 1529. Vgl. WA 18, 315,7; Ermahnung zum Frieden ..., 1525.
[21] Dieser Gegensatz ist nicht unüberbrückbar, wie die Philosophie Kants zeigt. Sie ist dadurch gekennzeichnet, daß ein anamnetisches und ein konstruktivistisch-operatives Moment ineinanderspielen; das letztere freilich überwiegt.
[22] Zum Aufkommen und Gebrauch des Wortes ‚Neuzeit' vgl. R. Koselleck, Neuzeit. Zur Semantik moderner Bewegungsbegriffe (in: Ders., Vergangene Zukunft. Zur Semantik geschichtlicher Zeiten, 1979, 300-348). Vgl. den Artikel „Modern, Modernität, Moderne" von H.U. Gumbrecht (in: Geschichtliche Grundbegriffe. Hist. Lexikon zur politisch-sozialen Sprache in Deutschland, hg. v. O. Brunner, W. Conze, R. Kolleck, Bd. IV, 1978, 93-131).
[23] A.L. Hülsen, Ueber die natürliche Gleichheit der Menschen; in: Athenaeum. Eine Zeitschrift von August Wilhelm und Friedrich Schlegel, Bd. II, 1, Jg. 1799, hg. v. B. Sorg, 1989, (528-556), 538.
[24] Bei allem faktisch unumgänglichen wie sachlich notwendigen Streit um die Artikulation neuzeitlichen Selbstverständnisses kann niemand die theologischen Momente übersehen. Theologische Beiträge zum Problem: G. Bornkamm, Die Zeit des Geistes. Ein johanneisches Wort und seine Geschichte (in: Ders., Geschichte und Glaube I [Ges.Aufs. Bd. III], 1968, 90-103); E. Wolf, „Erneuerung der Kirche" im Licht der Reformation. Zum Problem von „Alt" und „Neu" in der Kirchengeschichte (in: Ders., Peregrinatio, Bd. II, 1965, 139-160); G. Ebeling, Erneuerung aus der Bibel (in: S. Meurer [Hg.], Erneuerung aus der Bibel, 1982, 14-26).
[25] J. A. Bengel, Ordo temporum (1741). Dazu umfassend: G. Sauter, Die Zahl als Schlüssel zur Welt. Johann Albrecht Bengels „prophetische Zeitrechnung" im Zusammenhang seiner Theologie (EvTh 26, 1966, 1-36).
[26] Luthers chronologische Vorstellungen und Berechnungen – vgl. v. a. seine für die Gesamtgeschichte angelegte Tabelle, die „Supputatio annorum mundi" (WA 53, 1-184; 1541/45) – machen nicht das Entscheidende seines Geschichtsverständnisses aus. Dieses liegt vielmehr in der „Affektbestimmtheit des Menschen in seinem passiven wie aktiven Verhältnis zur Geschichte" (R. Schwarz, Die Wahrheit der Geschichte im Verständnis der Wittenberger Reformation [ZThK 76, 1979, 159-190], 182 Anm. 62). Im Vergleich Luthers mit Bengel (s. Anm. 25) ist zu beachten, daß bei Luther das sapientiale Moment so wenig fehlt wie bei Bengel das existentielle.

[27] Vgl. O. Bayer, Systematische Theologie als Wissenschaft der Geschichte (in: Ders., Autorität und Kritik. Zu Wissenschaftstheorie und Hermeneutik, Tübingen 1991, 181-200, bes. 189-194 und 199f).
[28] Zum Folgenden: O. Bayer, Freiheit als Antwort. Zur theologischen Ethik, Tübingen 1995, 92f.
[29] BSLK 560,40f.
[30] Aus dem Titel der Zirkulardisputation vom 9.5.1539 (WA 39/II, 34-91) lässt sich genau ersehen, in welchem Sinne für Luther der Papst als Antichrist galt: „De tribus hierarchiis: ecclesiastica, politica, oeconomica et quod Papa sub nulla istarum sit, sed omnium publicus hostis."
[31] Did 10,6 (in der Zusammenschau beider Lesarten).
[32] Vgl. o. Anm. 6.

Angaben zur Person

Martin Brecht, geb. 1932, in Nagold (Schwarzwald) als Sohn der dortigen Pfarrleute. Studium der Theologie in Tübingen und Heidelberg. 1961 Promotion zum Dr. theol., 1965 Habilitation für das Fach Kirchengeschichte jeweils in Tübingen. 1964 Studieninspektor und 1970 Ephorus des Tübinger Stifts. 1975-1997 Prof. für Kirchengeschichte in Münster/W. Hauptsächliche Forschungsgebiete: Reformation (Luther) und Pietismus. Neben zahlreichen Veröffentlichungen: Martin Luther (Biographie), Bd. 1-3, 1981/86/87.

Heike Talkenberger, geb. 1956; Dr. phil., Staatsarchivrätin; Studium der Geschichte und Germanistik in Hamburg; Hauptsächliche Forschungsgebiete: Reformationsgeschichte, Historische Bildkunde, Geschlechtergeschichte, Kriminalgeschichte. Veröffentlichung: Sinflut. Prophetie und Zeitgeschehen in Texten und Holzschnitten astrologischer Flugschriften 1488-1528. Tübingen 1990

Eberhard Schmidt, geb. 1929, Dr. theol., Studium der Musik und der Theologie in Frankfurt (Main), Mainz, Basel und Heidelberg. 1957-1971 Pfarrer an St. Moritz in Halle (Saale). 1971-1980 Leiter der Abteilung „Gemeindeaufbau und Kirchenmusik" im Evangelischen Konsistorium der Kirchenprovinz Sachsen in Magdeburg. 1981-1994 Pfarrer am Dom in Stendal und Propst in Sprengels Altmark. Bis zu seinem Ruhestand Mitglied der Kirchenleitung. Veröffentlichungen im Bereich der Hymnologie und der Liturgik.

Siegfried Bräuer, geb. 1930, Dr. theol.; Privatdozent für Kirchengeschichte an der Humboldt-Universität Berlin, 1959-1972 Pfarrer in Leipzig, 1972-1979 Rektor des Pastoralkollegs der Evangelisch-Lutherischen Landeskirche Sachsen, 1980-1991 theologischer Direktor der Evangelischen Verlagsanstalt, 1991-1995 Referent in der Außenstelle des Kirchenamtes der EKD in Berlin, Veröffentlichungen zur Reformations- und Zeitgeschichte.

Hans-Jürgen Prien, geb. 1935 in Hamburg, Dr. theol.; Professor für Iberische und Lateinamerikanische Geschichte an der Universität Köln; Professor für Kirchengeschichte an der Philipps-Universität Marburg (1986-1992); zuvor Dozent an der Theologischen Fakultät Sao Leopoldo, RS, in Brasilien; verschiedene Gastprofessuren in Übersee. Veröffentlichungen zu Luther, Francisco de Ossuna und der Christentumsgeschichte Lateinamerikas. Z.B.: Luthers Wirtschaftsethik, Göttingen 1992; Das Evangelium im Abendland und in der neuen Welt. Studien zu Theologie, Gesellschaft und Geschichte, Frankfurt/M. 2000.

Oswald Bayer, geb. 1939, Studium der ev. Theologie und Philosophie in Tübingen, Bonn und Rom, Dr. theol. 1968, habil. 1970, 1974 o. Professor für Systematische Theologie in Bochum, seit 1979 in Tübingen; Herausgeber der Neuen Zeitschrift für Systematische Theologie und Religionsphilosophie, Vorsitzender des Kuratoriums der Lutherakademie Ratzeburg.

Foto: Peter Freybe, Wittenberg

*„Und wenn morgen die Welt unterginge,
so wollen wir doch heute noch
unser Apfelbäumchen pflanzen."*

Wittenberger Sonntagsvorlesungen im Evangelischen Predigerseminar

Das Lutherjahr 1983 aus Anlaß des 500. Geburtstages von Dr. Martin Luther war Auftakt der Sonntagsvorlesungen im Evangelischen Predigerseminar Wittenberg. Unter der Federführung des damaligen Direktors Dr. Hansjürgen Schulz sollte ein inhaltlicher Beitrag zum Lutherjahr angeboten werden.

Die Resonanz in der Wittenberger Öffentlichkeit war so groß, daß sogleich eine Fortsetzung der Reihe geplant wurde. Angesichts der begrenzten Möglichkeiten in der damaligen DDR-Gesellschaft war damit unter dem Dach einer kirchlichen Einrichtung ein offenes Angebot in einem geschützten Freiraum eine willkommene Gelegenheit für geistige Anregung und Auseinandersetzung. In den Jahren um 1989 war die Brisanz solch einer Veranstaltung unübersehbar.

In loser Anlehnung an die Tradition der alten Wittenberger Universität, deren Nachfolgeeinrichtung das „Königliche Predigerseminar" seit 1817 ist, findet diese Reihe der Sonntagsvorlesungen jeweils im ersten Halbjahr im Anschluß an den Gottesdienst sonntags von 11.15–12.15 Uhr statt. Damit leistet die zentrale Ausbildungsstätte der Evangelischen Kirche der Union für Theologen und Theologinnen einen Beitrag für die interessierte Öffentlichkeit Wittenbergs und darüber hinaus.

Die Themen-Reihen (je sechsmal) seit 1983:

1983 – Zur Wirkungsgeschichte der Theologie Luthers
1984 – Zur Theologie Friedrich D. Schleiermachers
1986 – Christliche Themen in der Literatur des 19. und 20. Jahrhunderts
1987 – Einmischungen in die Schöpfung
1988 – Biblische und christliche Themen in der Weltliteratur der Neuzeit
1989 – Grundfragen des christlichen Glaubens
1990 – Kunst und Theologie
1991 – Theologie und Glaube in unserer Zeit
1992 – Religionen und Konfessionen in unserer Welt
1993 – Theologie und Glaube in unserer Zeit
1994 – „Leben" – im Spiegel der Reformation
1995 – Frauen mischen sich ein
1996 – ...da Tod und Leben rungen
1997 – Man weiß so wenig über ihn (Philipp Melanchthon)
1998 – Luther und seine Freunde
1999 – Mönchshure und Morgenstern (Katharina v. Bora, die Lutherin)
2000 – Wach auf, wach auf, du deutsches Land!
– Angst und Zuversicht in der Zeitenwende –

An dieser Stelle sei den vielen namhaften Referentinnen und Referenten gedankt, die in aller Regel ihren Einsatz mit Freude und ohne Honorar geleistet haben.

Peter Freybe

Evangelisches Predigerseminar Wittenberg
Collegienstraße 54 · 06886 Lutherstadt Wittenberg

e-mail: ev.predigerseminar.wittenberg@freenet.de
Telefon: (03 491) 40 21 96 und 40 21 97
Telefax: (03 491) 40 41 03

FRAUEN DER REFORMATOREN, 1995

FRAUEN MISCHEN SICH EIN

KATHARINA LUTHER
KATHARINA MELANCHTHON
KATHARINA ZELL
HILLE FEICKEN
UND ANDERE

Sich einzumischen in gesellschaftliche Verhältnisse, das ist eine gute protestantische Tugend. Neben den Reformatoren haben das auch immer wieder Frauen gewagt und getan. Von solchen „Protestantinnen" und ihren Aufbrüchen lebt die Geschichte bis heute. Die durch ihren Glauben geleitete Lebenspraxis dieser Frauen verweist damit auf die Bedeutung von Religion für eine Lebensperspektive und für öffentliche Handlungsmöglichkeiten.

ISBN 3-9804492-2-X

ZUM LUTHERJAHR 1996

... da Tod und Leben rungen

Tod und Leben
in der Sicht Martin Luthers
und heute

Der 450. Todestag Martin Luthers am 18. Februar 1996 war Anlass und Grund genug für eine Vorlesungsreihe zum Lebensthema Sterben und Tod. Auf dem Wege zu einer zeitgemäßen ars moriendi werden Spuren aufgenommen, die zu einer „Kunst zu leben – Kunst zu sterben – Kunst zu lieben" führen.

ISBN 3-9804492-4-6

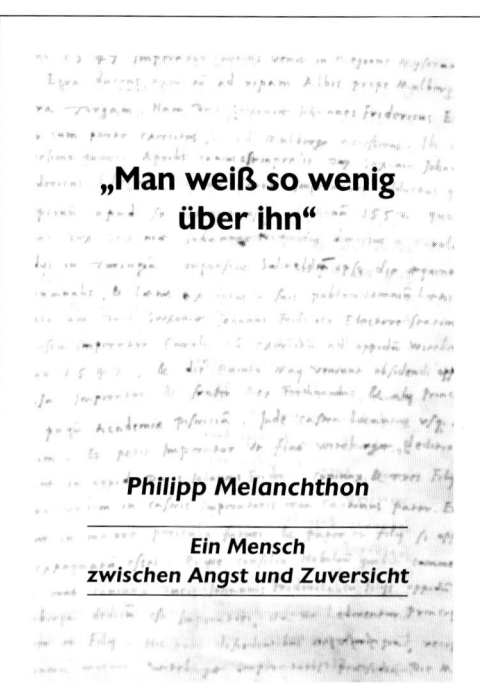

ZUM MELANCHTHONJAHR 1997

„Man weiß so wenig über ihn"

Philipp Melanchthon

Ein Mensch zwischen Angst und Zuversicht

Was war das für ein Mensch? Man weiß so wenig über ihn. Der 500. Geburtstag Philipp Melanchthons am 16. Februar 1997 war Anstoß für eine Vorlesungsreihe, um mehr zu wissen über diesen außergewöhnlichen Menschen. Die Frage nach dem einzelnen Menschen hat überraschenderweise eine ganze „Summe des Menschseins" an den Tag gebracht.

ISBN 3-9804492-9-7

LUTHER UND SEINE FREUNDE

„...damit ich nicht allein wäre."

Justus Jonas · Lucas Cranach d. Ä. ·
Johann Agricola · Johannes Brenz ·
Johannes Bugenhagen · Johannes von Staupitz

LUTHER UND SEINE FREUNDE, 1998

Das Lebensthema „Freundschaft" wurde als Thema der Reformatoren bisher kaum wahrgenommen. Aus der großen Vielzahl der Verbindungen mit Martin Luther werden hier einzelne Weggefährten mit ihrer sehr verschieden gestalteten Freundschaft vorgestellt. Das reicht von geglückter Freundschaft bis hin zu den Enttäuschungen einer Freundschaft. Ein Anhang gibt einen Einblick in die „Gemeinschaft und Freundschaft" im Predigerseminar „auf Luthers Grund und Boden" in Wittenberg.

ISBN 3-933028-09-4

KATHARINA-VON-BORA-JAHR 1999

Der 500. Geburtstag von Katharina von Bora bringt exemplarisch an den Tag, was eine große Frau an der Seite eines großen Mannes zu sein vermag. Als „Mönchshure" geschmäht und als der „Morgenstern zu Wittenberg" geliebt, lebte die Lutherin in der Zerreißprobe zwischen tiefer Verachtung und hoher Wertschätzung. So wurde sie zu einer Frau, mit der auch die Frauenbewegung der Neuzeit neue Impulse bekommen hat.

ISBN 3-933028-25-6

Mit freundlicher Unterstützung